普通高等教育"十二五"系列教材

JIXIE ZHITU KECHENG SHEJI ZHIDAOSHU

机械制图课程设计指导书

（第二版）

主　编　倪　莉

副主编　何卓左　张　洪

编　写　梁　颖

主　审　王冠中

中国电力出版社
CHINA ELECTRIC POWER PRESS

内 容 提 要

本书为普通高等教育"十二五"系列教材。

为了适应用型机械制造类专业人才的培养要求,本书将机械制图的基础知识、基本理论、国家标准有机整合,期望通过机械制图课程设计,全面提高学生机械制图的能力。

本书主要包括三个模块:圆柱齿轮一级减速器(31种零部件,两条主要装配线);蜗轮蜗杆—圆锥齿轮减速器(50种零部件,三条主要装配线);FW100万能分度头(82种零部件,四条主要装配线)。为了达到较好的教学效果,书中还配备了部分装配线的三维渲染图,对工作原理、表达方案的选择讨论都有较详细的介绍。本书涉及各装配体及其零件三维造型文件可向主编索取,邮箱 zztinl@163.com。

本书可作为高等工科院校应用型本科机械类专业制图课程设计指导书,也可作为高等职业学校相关专业的教材,还可供从事机械制造的工程技术人员参考。

图书在版编目(CIP)数据

机械制图课程设计指导书/倪莉主编. —2版. —北京:中国电力出版社,
2012.6(2024.1重印)

普通高等教育"十二五"规划教材

ISBN 978-7-5123-3134-1

Ⅰ.①机⋯ Ⅱ.①倪⋯ Ⅲ.①机械制图—高等学校—教学参考资料
Ⅳ.①TH126

中国版本图书馆CIP数据核字(2012)第117915号

普通高等教育"十二五"规划教材 机械制图课程设计指导书(第二版)

中国电力出版社出版、发行　　　　　　　　北京雁林吉兆印刷有限公司印刷　　　　　　各地新华书店经售

(北京市东城区北京站西街19号　100005　http://www.cepp.sgcc.com.cn)
2008年5月第一版
2012年7月第二版
787毫米×1092毫米　横8开本　　　　10印张　　　　2024年1月北京第十六次印刷　　243千字　　　　定价 25.00元

前　言

为了更好地适应当前我国高等教育跨越式发展的需要，满足我国高校从精英教育向大众化教育的重大转移阶段中社会对高校应用型人才培养的要求，结合机械制图课程设计教学需要，编写了这本教材。考虑模型不足，尽量采用多媒体等现代化的教育手段和教学方法，以期达到较理想的教学效果。

编者在第一版的基础上，广泛征求读者意见和建议，并结合近几年自身在教学中的使用情况，对本书做了以下修订：

（1）通审全篇，对图线、标注等处出现的各类错误做了统一修订，对文字部分表述不规范或不明确的地方适当调整了表述方法。

（2）为了适应《技术制图》和《机械制图》新国家标准的要求，本书对所有零件图的表面粗糙度和几何公差的标注做了全面更改。

（3）针对受广大读者肯定的三维造型渲染图进行了完善。修改了原造型中的错误，并力求造型更明晰，表达更清楚，将渲染图放至二维码中，手机扫码即可查看。

本书由中原工学院倪莉任主编，何卓左、张洪任副主编，梁颖参加编写。本次修订工作得到了周国强、完颜鹏、张慧、樊鹏博、袁洋、童晓洋、赵寻珂、刘遵明同学的大力帮助，在此表示由衷的感谢。

本书涉及各装配体及其零件三维造型文件可向主编索取，邮箱 zztinl@163.com。

编　者

2012 年 5 月

扫一扫

三维造型渲染图

第 一 版 前 言

为了更好地适应当前我国高等教育跨越式发展的需要，满足高校从精英教育向大众化教育转移中对高校应用型人才培养的要求，编者结合机械制图课程设计教学需要，编写了这本教材。同时考虑模型不足，尽量采用多媒体等现代化的教育手段和教学方法，以期达到较理想的教学效果。

本书由浅入深地提供了三套课程设计题目。圆柱齿轮一级减速器（31 种零部件、两条主要装配线）在机械传动中较为经典，适于少学时专业课程设计使用，也可提供给多学时的专业绘制装配图。蜗轮蜗杆—圆锥齿轮减速器（50 种零部件、三条主要装配线），在一级圆柱齿轮减速器的基础上，进一步了解相交两轴及交叉两轴之间的传动，练习蜗轮蜗杆的传动绘图。FW100 万能分度头是铣床的重要附件，主要用于圆周分度，也广泛应用于其他机床的分度加工。它可以将工件安装在卡盘、顶尖及其装卡附件上，在铣床上利用各种不同的铣刀进行沟槽、齿轮、离合器、螺旋线、凸轮的铣削加工。FW100 万能分度头（82 种零部件、四条主要装配线）零件图和装配图的复杂程度都比较高，适用于机械类多学时专业的课程设计。为了达到较好的教学效果，配备了部分装配线的三维渲染图，并对其工作原理、表达方案选择讨论都有较详细的介绍。

本书由倪莉主编，何卓左、凌志浩副主编，参加编写的还有陈剑勇。

书中 FW100 万能分度头的三维造型渲染图得到了苗志强、邵茂林、王滔、楚宁可、瞿兆明同学的大力协助，在此表示由衷的感谢。

在本书的编写过程中，中原工学院工程制图教研室的各位老师提供了许多宝贵的技术资料，结合实践教学的经验对本书提出了很多有建设性的意见，在此表示由衷的感谢。

全书由青岛科技大学王冠中副教授主审。

应用型本科教育的教学改革是一项艰巨的系统工程，由于编者的水平所限，书中错漏之处在所难免，恳请各位读者批评指正。

编 者

2008.3

目　　录

前言

第一版前言

绪论 ·· 1

装配体一　圆柱齿轮一级减速器 ································· 2

　一、概述 ··· 2

　二、圆柱齿轮一级减速器的工作原理、装配关系和结构 ······· 2

　三、绘制圆柱齿轮一级减速器装配图的提示 ······················ 2

　四、零件图 ·· 4

装配体二　蜗轮蜗杆—圆锥齿轮减速器 ······················ 12

　一、概述 ·· 12

　二、蜗轮蜗杆—圆锥齿轮减速器的工作原理、装配关系和结构 ···· 12

　三、绘制蜗轮蜗杆—圆锥齿轮减速器装配图的提示 ··············· 12

　四、思考题 ·· 14

　五、零件图 ·· 14

装配体三　FW100 万能分度头 ································· 26

　一、万能分度头概述 ·· 26

　二、万能分度头的分度原理 ·· 26

　三、FW100 万能分度头的装配关系和结构 ······················ 28

　四、绘制 FW100 万能分度头装配图的提示 ······················ 31

　五、思考题 ·· 33

　六、零件图 ·· 33

附录 ··· 55

参考文献 ·· 74

绪　　论

　　机械制图课程设计是机械制图课程重要的后续实践教学环节。一般来说，机械制图课程设计是指集中利用两至三周的时间，采取绘制装配图的方法，巩固机械制图课程中所学的各种概念及理论，初步掌握绘制装配图的过程和方法，从而达到了解一些机械设计和制造方面的基本常识的目的。

一、机械制图课程设计的目的及其重要性

（1）全面提高绘图技能。

（2）弥补课堂理论教学的不足。近年来，由于教学计划的调整，理论学时不断压缩，理论教学过程中完成一定规模装配图的难度不断加大，而机械制图作为一门实践性极强的专业基础课，实践环节是必不可少的。另外，绝大多数学生由于缺乏机械制图综合性实践环节的训练，普遍反映理论与实际工作脱节，走上工作岗位后仍需进行专门的培训。

（3）弥补传统考核方式的局限性。由于传统测验受时间等客观条件的限制，一般不会出现装配图的考核。

（4）既训练学生独立思考的能力，又培养团结协作、解决问题的能力。从零件功能设计到部件表达方案的形成可以通过讨论确定，能够培养团队解决问题的习惯。

（5）培养学生熟练掌握和灵活应用机械制图国家标准有关规定的能力。

　　基于上述原因，机械制图课程设计不仅是每个机械类专业学生必须完成的实践环节，而且作为多数工科专业学生选修的基础课，通过设置适合的课程设计环节，也必将有助于提高学生的综合运用知识的能力。

二、教学内容

（1）理论授课。结合课程设计的具体内容，有针对性地介绍装配图的绘制过程及注意事项。

（2）分组测绘。挑选典型零件通过测绘方式绘制零件图，重在培养学生的测绘技能。

（3）集中绘图。组织学生根据部件中除标准件外零件的零件图，完成部件的装配图。

（4）答辩考核。根据课程设计的特点，组织以答辩形式为主的考核方式，重在了解学生对部件的功能和装配结构的理解。

三、教学要求

（1）要求弄清部件工作原理，以及各零件作用和各零件间的装配关系。

（2）要求选择合适的表达方案，视图选择正确，布置合理。

（3）根据零件图组成装配图。所绘图样应符合机械制图国家标准。布图要均匀，图线、箭头、字体等要符合标准。

1）圆柱齿轮一级减速器选用 1∶1 比例绘图，画 A1 图纸一张。

2）蜗轮蜗杆—圆锥齿轮减速器选用 1∶1 比例绘图，画 A0 图纸一张。

3）FW100 万能分度头选用 1∶1 比例绘图，画 A0 图纸一张。

（4）进一步培养认真负责的工作态度、严谨细致的工作作风和规范的制图习惯。

四、教学手段

　　为适合不同类型学校及层次的使用，本书以手工绘图为主。建议使用者根据本学校的不同情况选择使用。

（1）对于机械类专业的学生，可考虑强化部件的工作原理，弱化零件的现有结构，鼓励学生适当设计部分零件，以达到加强设计的目的。

（2）在条件允许的情况下，可通过计算机绘制装配图乃至直观图，培养学生计算机绘图的能力。

五、关于本书

　　编者总结多年机械制图课程设计教学的经验，根据专业及学时的不同，选取最有代表性的圆柱齿轮一级减速器、蜗轮蜗杆—圆锥齿轮减速器、FW100 万能分度头三个部件作为设计题目，建议机械类及相关多学时专业考虑绘制 FW100 万能分度头的装配图，其他工科及少学时专业绘制减速器的装配图。

装配体一　圆柱齿轮一级减速器

一、概述

减速器（又称减速机、减速箱）是一种由密闭的箱体、相互啮合的一对或几对齿轮（或蜗轮蜗杆）、传动轴及轴承等所组成的独立部件，常用在原动机与工作机之间，作为减速的传动装置。在少数场合下也可用做增速的传动装置，此时称为增速器。

减速器按传动原理可分为普通减速器和行星减速器两大类。

普通减速器的类型很多，一般可分为圆柱齿轮减速器、圆锥齿轮减速器、蜗杆减速器、齿轮—蜗轮减速器等。按照减速器级数的不同，又分为单级、两级和三级减速器。此外，还有立式与卧式之分。各种减速器在各工业领域有着广泛的应用。

齿轮减速器是一种常见的减速装置，它的特点是效率高、工作可靠、传动比稳定，但其体积较大、结构不紧凑。

二、圆柱齿轮一级减速器的工作原理、装配关系和结构

圆柱齿轮一级减速器是最简单的一种减速器，用于平行轴间的传动。图 1-1 所示为减速器的装配示意图。本减速器工作时，回转运动通过齿轮轴 17 传入，再经过齿轮轴 17 上的小齿轮传递给大齿轮 31，经过键 30 将减速后的回转运动传给轴 27，最后由轴 27 将回转运动传给工作机械。因此，齿轮轴 17 为输入轴，轴 27 为输出轴。

减速器一般由箱体、齿轮、轴、轴承和附件组成。本减速器由 31 种零件装配而成，其零件明细表见表 1-1。

1. 两条主要装配线

围绕着输入轴和输出轴有两条主要装配线。由于输入轴 17 上需要安装的齿轮直径很小，故将齿轮与轴制成一体，称为齿轮轴。输入轴 17 与输出轴 27 均由滚动轴承 22、25 支承。轴承两端均装有嵌入端盖 19、24、16、28，用以固定轴承。轴从嵌入端盖 16、24 孔中伸出，该孔与轴之间留有一定间隙。为了防止机体内润滑油渗漏及灰尘进入箱体内，嵌入端盖 16、24 内分别装有填料 15、23。输入轴 17 上装有挡油环 21，利用离心力的作用甩掉油液及杂质，防止机体内润滑油溅入轴承。

支承环 29 的作用是防止大齿轮 31 轴向窜动；调整环 18、26 的作用是调整两轴的轴向间隙，也可调整整个轴系的轴向位置，保证两齿轮间正确的相对位置。

2. 箱体

减速器的箱体采用分离式，沿两轴线平面分为机体 12、机盖 10，两者之间采用 2 个圆锥销 1 定位，销孔钻成通孔，便于拔销；采用 6 对螺栓连接，便于装配与维修。为了保证箱体上安装轴承和端盖的孔的正确形状，两零件上的孔是合在一起加工的。箱体前后对称，两啮合齿轮安置在该对称平面上，轴承和端盖对称分布在齿轮的两侧。为了便于搬运整台减速器，在机体 12 左右凸缘的下部铸出 4 个吊钩。

3. 附件

减速器箱体上根据不同的需要可装置各种不同用途的附件。

减速器中传动件工作时采用浸油润滑，其主要目的是减少摩擦、磨损，提高传动效率，并起散热作用，从而改善工作情况。机体 12 装有油标 20，用来观察机体内润滑油面高度是否适当。当润滑油不足时，应加油补足，保证齿轮下部浸入油内。为了换油及清洗机体时排出油污，在机体 12 底部有放油孔，其位置应低于油池底面，以便放尽润滑油。平时放油孔用油塞 14、垫圈 13 封住，以防漏油。

机盖 10 的顶部有观察孔，以便观察箱体内的齿轮啮合情况和注入润滑油。平时观察孔用视孔盖 8 盖住，以防止污物进入机体内和润滑油飞溅出来，视孔盖 8 与机盖 10 间装有垫片 9，并用 4 个螺钉 5 紧固。在视孔盖 8 上安装透气塞 6，其作用是沟通减速器内、外的气流，及时将在减速器运转时箱体内因温度升高受热膨胀的气体排出，保证机体内、外压力均衡，以防止高压气体破坏各接合面的密封，造成漏油，也兼作视孔盖的把手。透气塞 6 用螺母 7 紧固在视孔盖 8 上，其通气孔不直通顶端，而是横向钻一个 $\phi 3$ 孔，使其与外界相通，以防灰尘进入。

三、绘制圆柱齿轮一级减速器装配图的提示

1. 装配图的表达方案

确定该减速器装配图的表达方案可考虑以下几点：

（1）主视图应符合其工作位置，重点表达外形，同时对右边销连接及油塞连接采用局部剖视，这样不但表达了两处的装配连接关系，对箱体右边和下边的壁厚也进行了表达，而且油面高度及大齿轮的浸油情况一目了然；左边可对螺栓连接及油标结构进行局部剖视，表达出这两处的装配连接关系；上边可对视孔盖及透气装置采用局部剖视，表达出各零件的装配连接关系及该结构的工作情况。

（2）俯视图采用沿结合面剖切的画法，将内部的装配关系、零件之间的相互位置及齿轮的啮合情况清晰地表达出来。

（3）左视图可采用外形图或局部视图，主要表达外形。可以考虑在其上作局部剖视，表达出安装孔的内部结构，以便标注安装尺寸。

2. 装配图的尺寸标注

在装配图上应标出必要的尺寸，主要包括以下五种：

（1）性能尺寸：表示部件的性能和规格的尺寸，如两轴线中心距、中心高。

（2）装配尺寸：表示零件之间装配关系的尺寸，如配合尺寸和重要的相对位置尺寸、减速器中滚动轴承与轴的配合尺寸、齿轮和轴的配合尺寸等。

（3）安装尺寸：将部件安装到机座上所需要的尺寸，如安装孔的孔径和定位尺寸。

（4）外形尺寸：部件在长、宽、高三个方向上的最大尺寸，如总长、总高，宽度方向为两轴伸出端到中心的距离。

（5）其他重要尺寸：如齿轮宽度等。

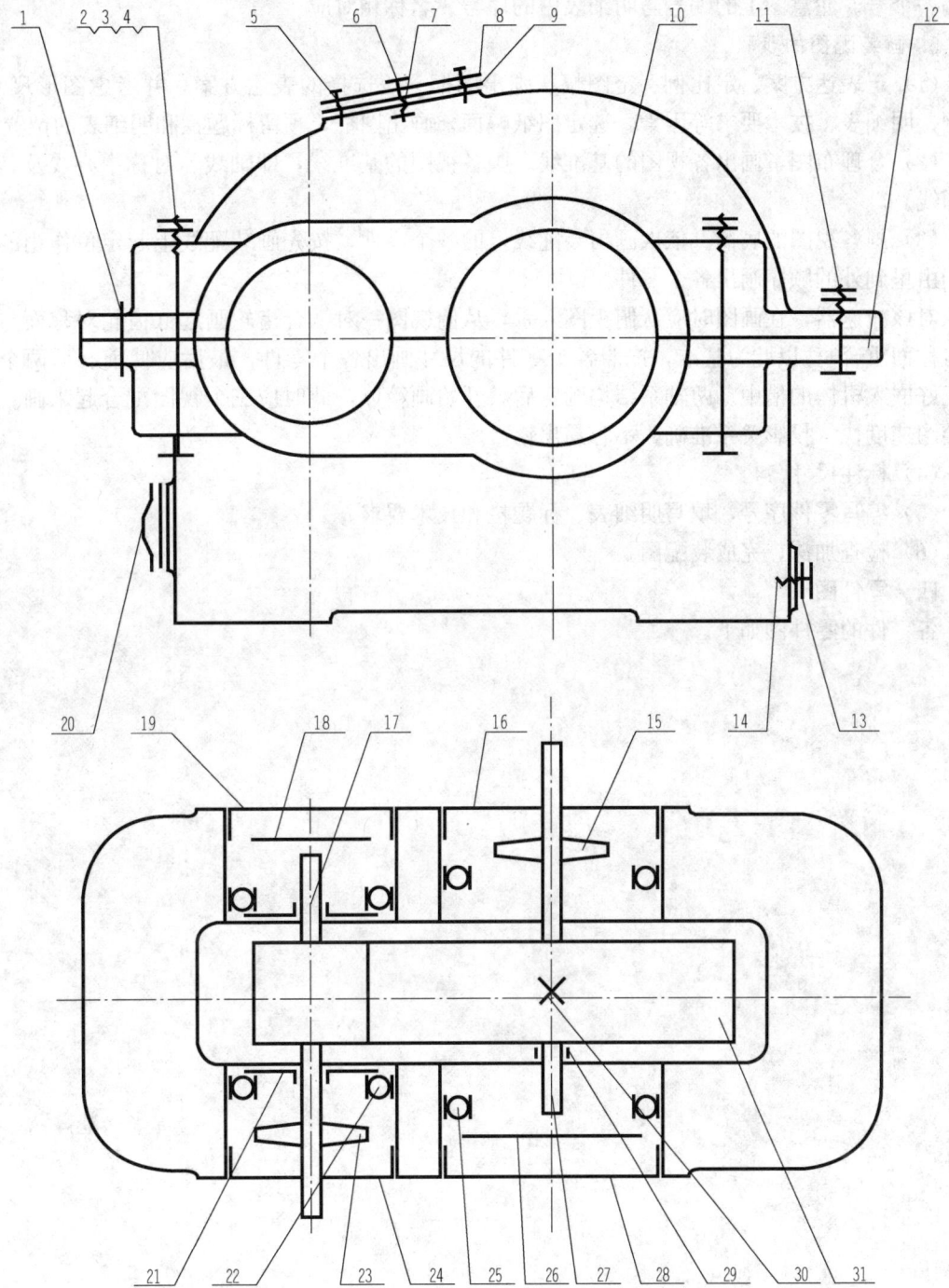

图 1-1 圆柱齿轮一级减速器的装配示意图

表 1-1 　　　　　　　　　　　　圆柱齿轮一级减速器零件

序号	名　称	数量	材　料	备　注	页　码
1	销 A4×18	2	Q235	GB/T 117—2000	
2	螺栓 M8×65	4	Q235	GB/T 5780—2000	
3	垫圈 8	6	65Mn	GB/T 93—1987	
4	螺母 M8	6	Q235	GB/T 6170—2000	
5	螺钉 M3×10	4	Q235	GB/T 67—2008	
6	透气塞	1	Q235		5
7	螺母 M10	1	Q235	GB/T 6170—2000	
8	视孔盖	1	Q235		5
9	垫片	1	耐油橡胶石棉板		5
10	机盖	1	ZL102		6
11	螺栓 M8×25	2	Q235	GB/T 5780—2000	
12	机体	1	ZL102		7
13	垫圈	1	耐油橡胶石棉板		5
14	油塞	1	Q235		8
15	填料	1	毛毡		
16	嵌入端盖	1	Q235		8
17	齿轮轴	1	45		9
18	调整环	1	Q235		8
19	嵌入端盖	1	尼龙 66		8
20	圆形塑料油标	1			10
21	挡油环	2	10		10
22	滚动轴承 204	2		GB/T 273.3—1999	
23	填料	1	毛毡		
24	嵌入端盖	1	Q235		10
25	滚动轴承 206	2		GB/T 273.3—1999	
26	调整环	1	Q235		10
27	轴	1	45		9
28	嵌入端盖	1	尼龙 66		11
29	支承环	1	Q235		11
30	键 10×22	1	45	GB/T 1096—2003	
31	齿轮	1	HT200		11

3. 装配图的技术要求

（1）装配前，所有零件用煤油清洗，滚动轴承用汽油清洗，机体内不许有任何杂物存在，内壁刷涂不被机油侵蚀的涂料两次。

（2）齿合侧隙用铅丝检验不小于 0.6mm，铅丝直径不得大于最小侧隙的四倍。

（3）用涂色法检验斑点，按齿高接触斑点不小于 40%，按齿长接触斑点不小于 50%，必要时可用研磨或刮后研磨，以便改善接触情况。

（4）应调整轴承轴向间隙为 0.03～0.08mm。

（5）检查减速器密封面，各接触面积密封处，均不许漏油，密封面允许涂以密封油漆或水玻璃，但不允许使用任何填料。

（6）机座内装 HJ-50 润滑油至规定高度。

（7）表面涂绿色油漆。

4. 绘装配图的注意事项

（1）装配图中各个视图应按投影关系正确表达。

（2）在装配图中，注意不同零件应用剖面线的方向和间隔加以区别。

（3）画装配图时，各零件必须按零件图所给出的形状尺寸和说明画出，标准件应查表按规定画法画出，不能随意绘制。

（4）装配图上的序号不受装配示意图的限制，应根据所绘图样按顺序编写。相同零件只编一个号。注意图上的编号与明细表内的序号、名称相对应。

5. 画装配图的步骤

（1）定表达方案、定比例、定图幅、画出图框。按选择的表达方案，并考虑图形尺寸、比例、明细表、技术要求等因素，选定图纸幅面，画出图框，预留标题栏和明细表的位置。

（2）合理布图，画出各视图的基准线。画各视图的基准线，即轴线、对称中心线及其他作图线。

（3）画各视图的底稿。依次画出装配线上的各个零件，按先画装配线上起定位作用的零件和由里到外的顺序画出各个零件。

对该减速器，在画图时应从俯视图入手，从俯视图一对啮合齿轮画起（齿轮对称面与机体对称面重合）。以此为基准，按照各个零件的尺寸画出各个零件，最后应使前、后两个端盖正好嵌入机体的槽中。两轴系结构画完后，开始画箱体，此时应三个视图配合起来画。这样绘图速度快，投影关系准确，不容易出错。

（4）标注尺寸。

（5）编写零件序号，填写明细表、标题栏和技术要求。

（6）检查加深，完成装配图。

四、零件图

各零件的零件图如下。

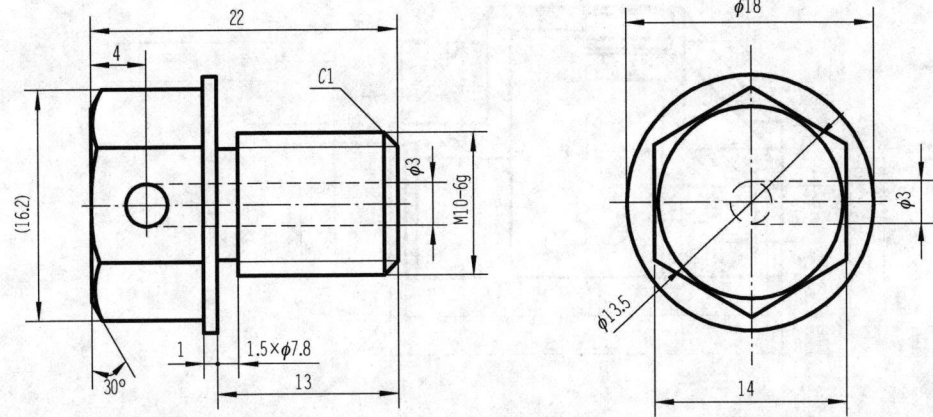

技术要求
表面发蓝。

透气塞	序号	6	比例	2:1
	数量	1	材料	Q235

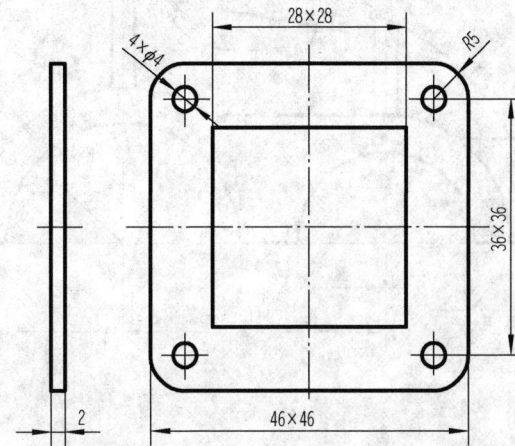

22
4
C1
φ3
M10-6g
(16.2)
1
1.5×φ7.8
30°
13

φ18
φ3
φ13.5
14

√Ra 6.3

垫片	序号	9	比例	1:1	数量	1
	材料		耐油橡胶石棉板			

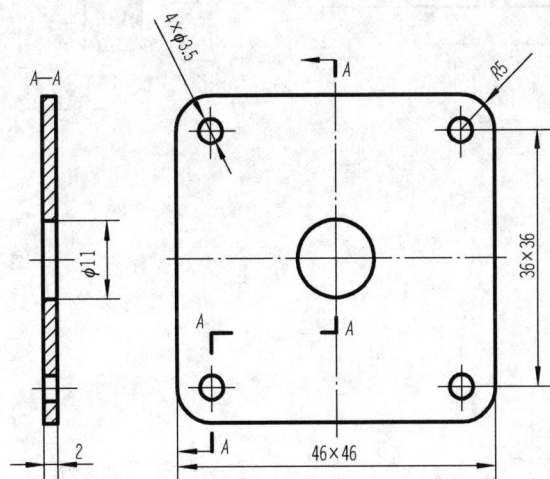

4×φ4
28×28
R5
36×36
2
46×46

A—A
4×φ3.5
R5
A
φ11
36×36
A
A
A
2
46×46

√Ra 6.3

技术要求
表面发蓝。

视孔盖	序号	8	比例	1:1
	数量	1	材料	Q235

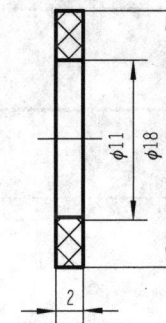

φ11
φ18
2

垫圈	序号	13	比例	2:1	数量	1
	材料		耐油橡胶石棉板			

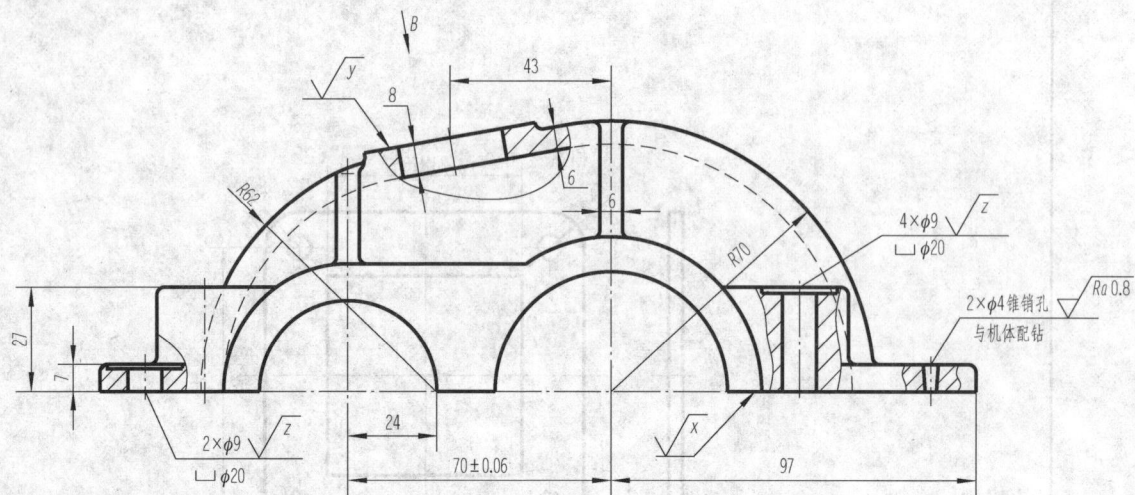

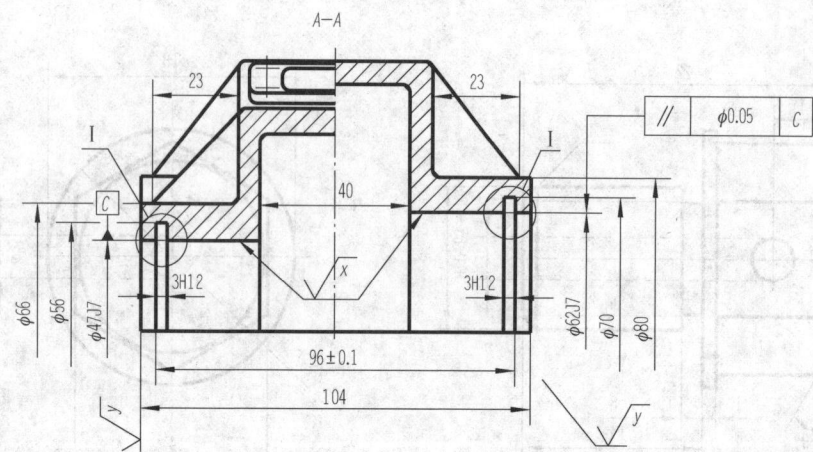

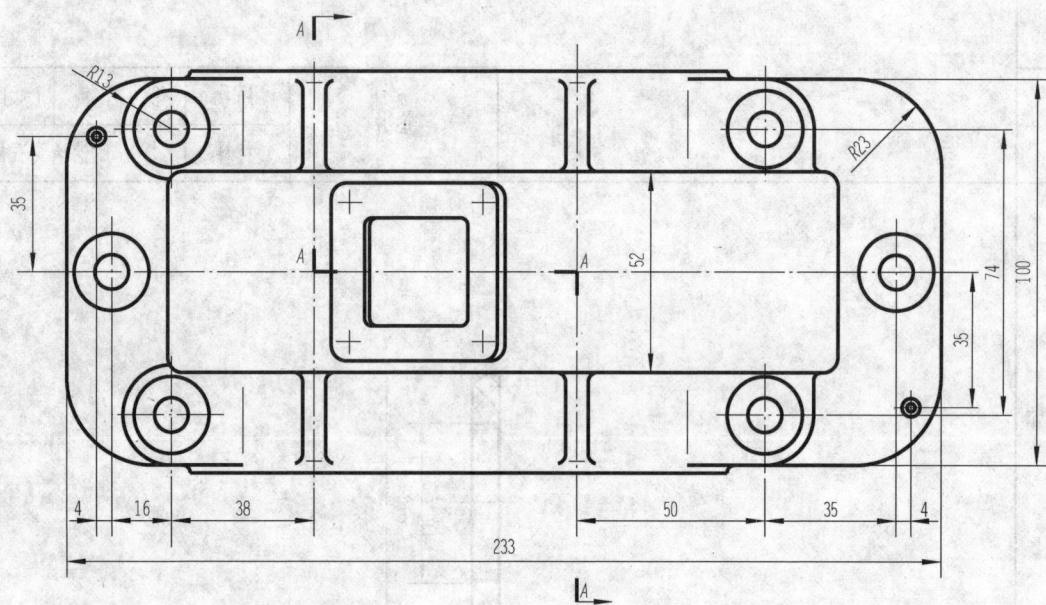

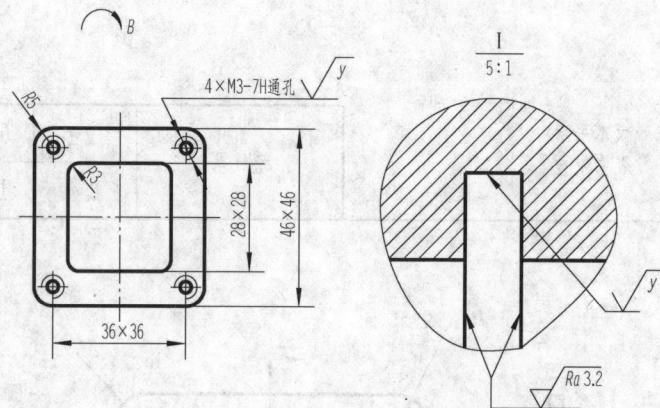

B

$\sqrt{y}$

8

43

$R62$

6

6

R70

$4\times\phi9$ $\sqrt{z}$
$\sqcup\phi20$

$2\times\phi4$锥销孔
与机体配钻 $\sqrt{Ra\,0.8}$

27

7

24

$2\times\phi9$ $\sqrt{z}$
$\sqcup\phi20$

70 ± 0.06

97

$\sqrt{x}$

A—A

23

23

$\sqrt{}$ $\phi0.05$ C

40

I

I

C

3H12

3H12

$\sqrt{x}$

$\phi66$
$\phi56$
$\phi47J7$

$\phi62J7$
$\phi70$
$\phi80$

96 ± 0.1

104

$\sqrt{y}$

$\sqrt{y}$

A

R13

R23

35

52

35

74

100

A

A

4

16

38

50

35

4

233

A

B

R5

R3

$4\times M3\text{-}7H$通孔 $\sqrt{y}$

28×28

46×46

36×36

I
$\dfrac{}{5:1}$

$\sqrt{y}$

$\sqrt{Ra\,3.2}$

技术要求
1.未注铸造圆角均为R3~R4。
2.非加工的外表面涂腻子、砂光、喷淡绿色漆。
3.铸件应时效处理。

$\sqrt{x}=\sqrt{Ra\,1.6}$ $\sqrt{y}=\sqrt{Ra\,6.3}$

$\sqrt{z}=\sqrt{Ra\,12.5}$ $\sqrt{Ra\,25}$ $(\sqrt{\ })$

机盖	序号	10	比例	1:2
	数量	1	材料	ZL102

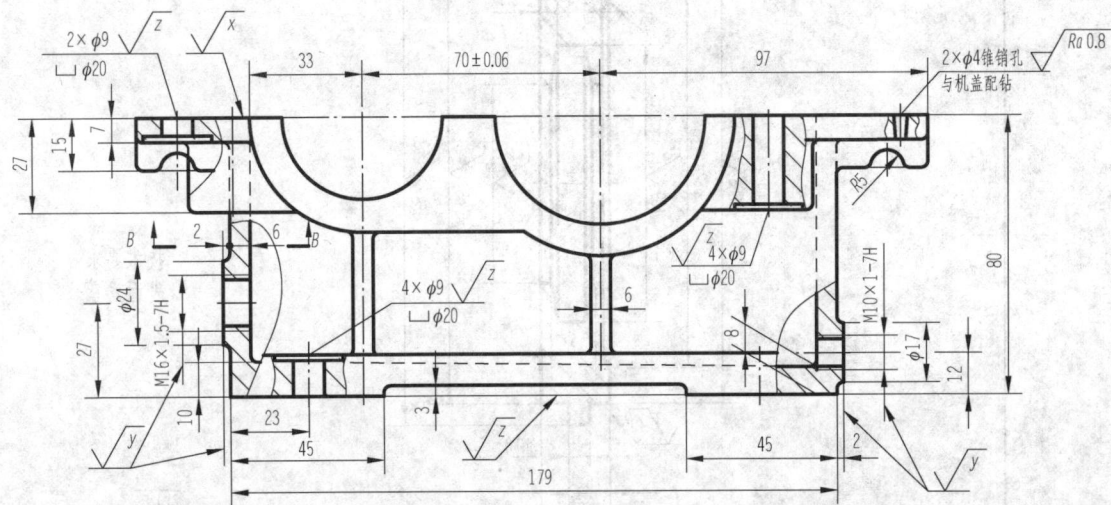

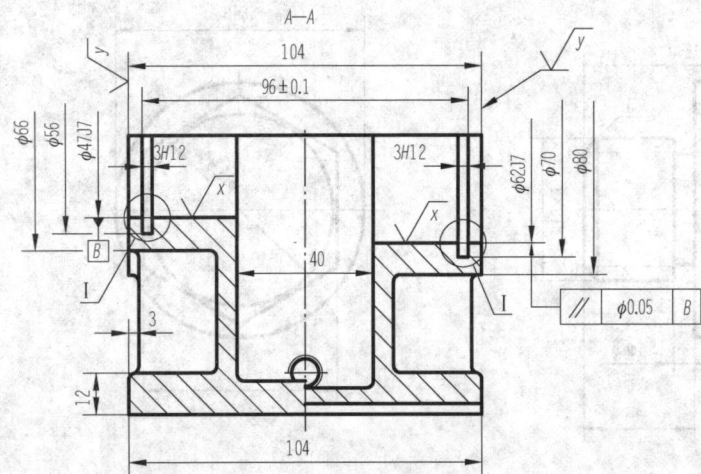

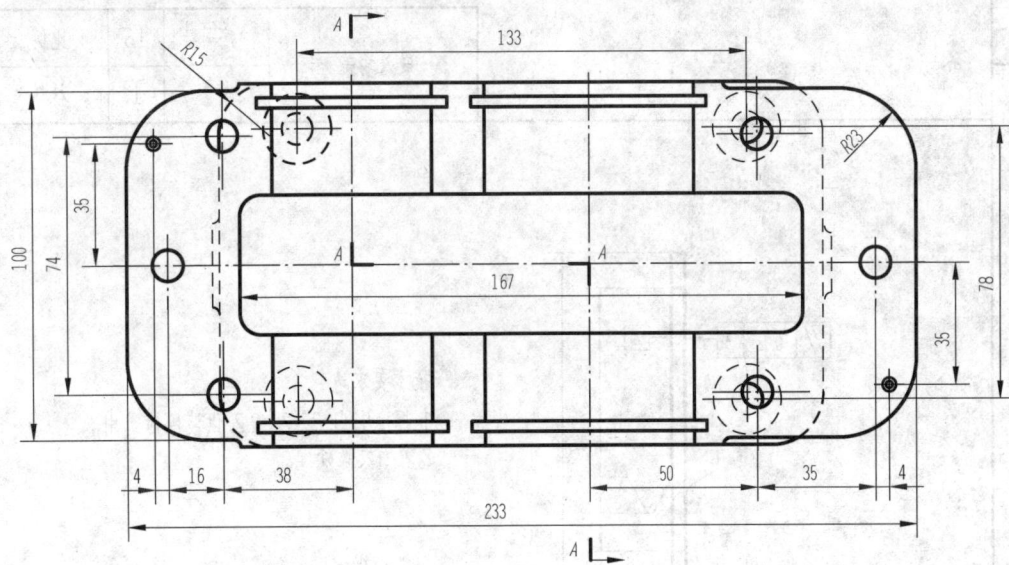

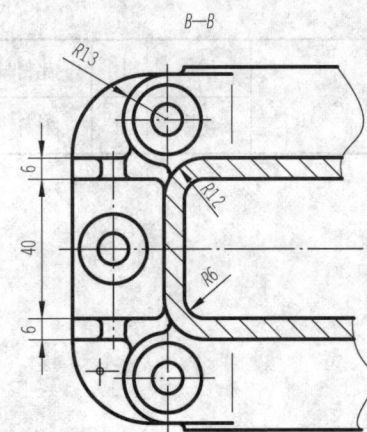

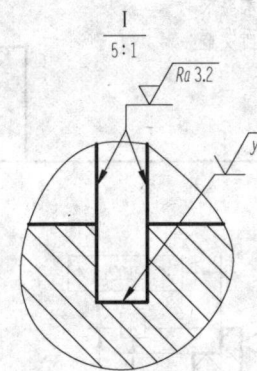

技术要求
1. 未注铸造圆角均为R3~R4。
2. 非加工的外表面涂腻子、砂光、喷淡绿色漆。
3. 铸件应时效处理。

$$\sqrt{x} = \sqrt{Ra\,1.6} \qquad \sqrt{y} = \sqrt{Ra\,6.3}$$

$$\sqrt{z} = \sqrt{Ra\,12.5} \qquad \sqrt{}\ \sqrt{Ra\,25} \qquad (\sqrt{})$$

机体	序号	12	比例	1:2
	数量	1	材料	ZL102

油塞

$\phi 18$

$\phi 13.5$

15

(16.2)

M10×1

C1

1.5×$\phi 7.8$

30°

6

8

14

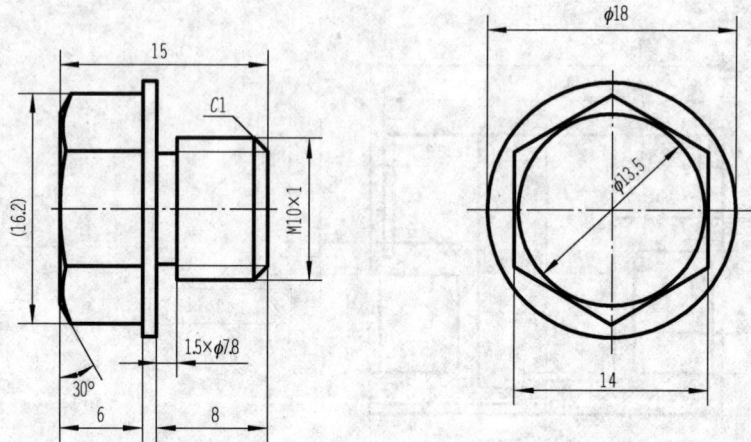

技术要求
表面发蓝。

$\sqrt{Ra\,6.3}$

油塞	序号	14	比例	2:1
	数量	1	材料	Q235

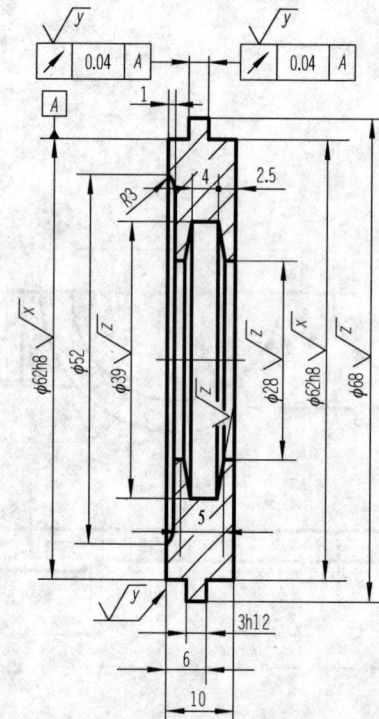

嵌入端盖

$\sqrt{y}$ | 0.04 | A

$\sqrt{y}$ | 0.04 | A

A

1

R3

4

2.5

$\phi 62h8$

$\phi 52$

$\phi 39$

$\sqrt{x}$

$\phi 28$

$\phi 62h8$

$\phi 68$

$\sqrt{z}$

$\sqrt{z}$

$\sqrt{z}$

5

$\sqrt{y}$

3h12

6

10

技术要求
表面发蓝。

$\sqrt{x} = \sqrt{Ra\,1.6}$ $\sqrt{y} = \sqrt{Ra\,3.2}$

$\sqrt{z} = \sqrt{Ra\,6.3}$ $\sqrt{Ra\,12.5}\left(\sqrt{}\right)$

嵌入端盖	序号	16	比例	1:1
	数量	1	材料	Q235

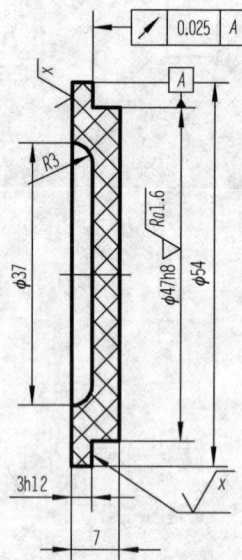

嵌入端盖

$\sqrt{}$ | 0.025 | A

$\sqrt{x}$

A

R3

$\phi 47h8$

$\sqrt{Ra\,1.6}$

$\phi 37$

$\phi 54$

3h12

7

$\sqrt{x}$

$\sqrt{x} = \sqrt{Ra\,3.2}$

$\sqrt{Ra\,6.3}\left(\sqrt{}\right)$

嵌入端盖	序号	19	比例	1:1
	数量	1	材料	尼龙66

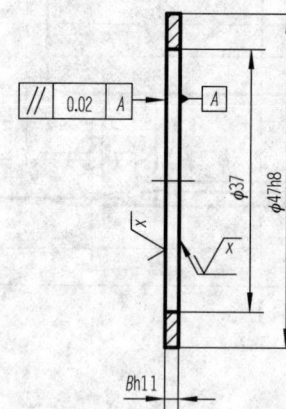

调整环

// | 0.02 | A

A

$\sqrt{x}$

$\phi 37$

$\phi 47h8$

$Bh11$

$\sqrt{x}$

技术要求
1.厚度B为1.8、2、2.2,供装配时选用。
2.表面发蓝处理。

$\sqrt{x} = \sqrt{Ra\,3.2}$

$\sqrt{Ra\,12.5}\left(\sqrt{}\right)$

调整环	序号	18	比例	1:1
	数量	1	材料	Q235

齿轮轴

法向模数	m_n	2
齿数	Z_1	15
齿形角	α	20°
精度等级		8-7-7HK GB/T10095—2008
配偶齿轮	件号	31
	齿数 Z_2	55
公法线长度	W_k	9.33
跨齿数	k	2

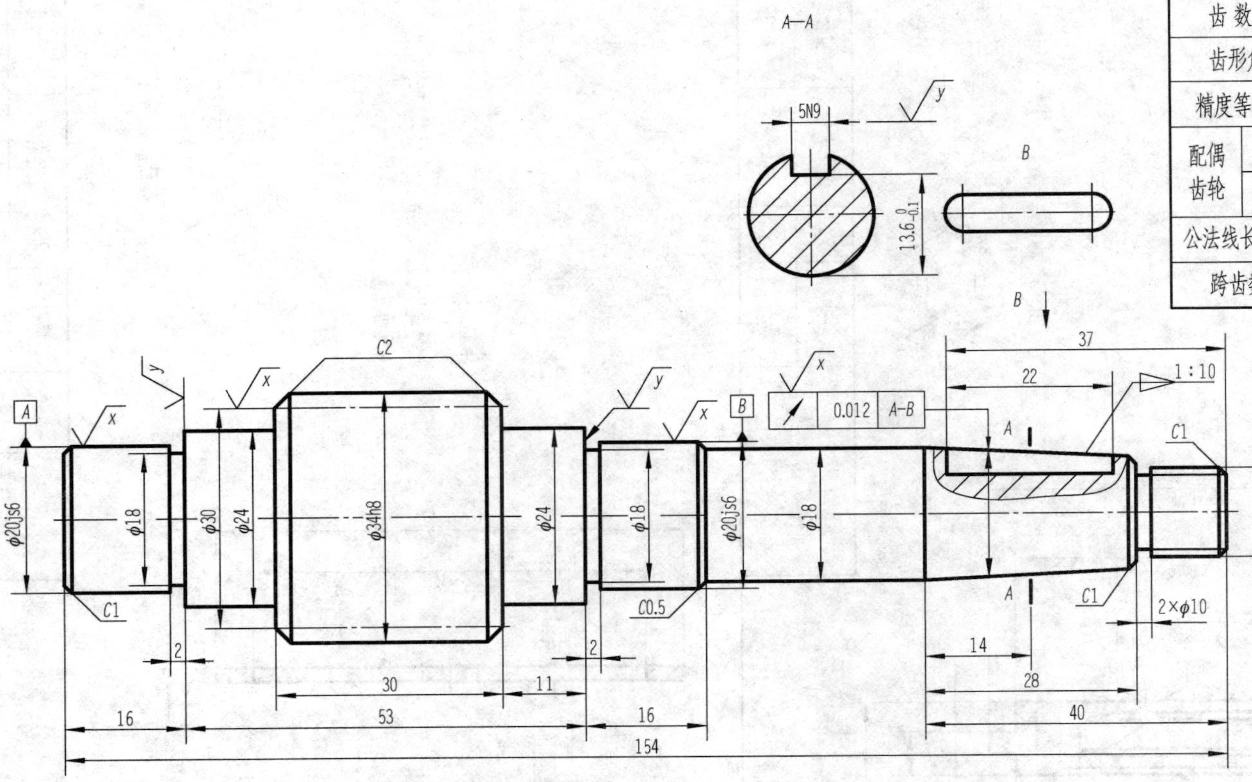

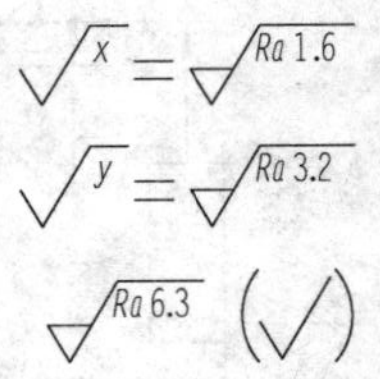

序号	17	比例	1:1
数量	1	材料	45

$$\sqrt{x} = \sqrt{Ra\,1.6}$$
$$\sqrt{y} = \sqrt{Ra\,3.2}$$
$$\sqrt{Ra\,6.3}\ (\sqrt{\ })$$

技术要求
1. 调质处理HB220~250。
2. 齿面淬火HRC50~55。
3. 锐角打毛刺C0.2~C0.5。
4. 表面发蓝处理。

轴

序号	27	比例	1:1
数量	1	材料	45

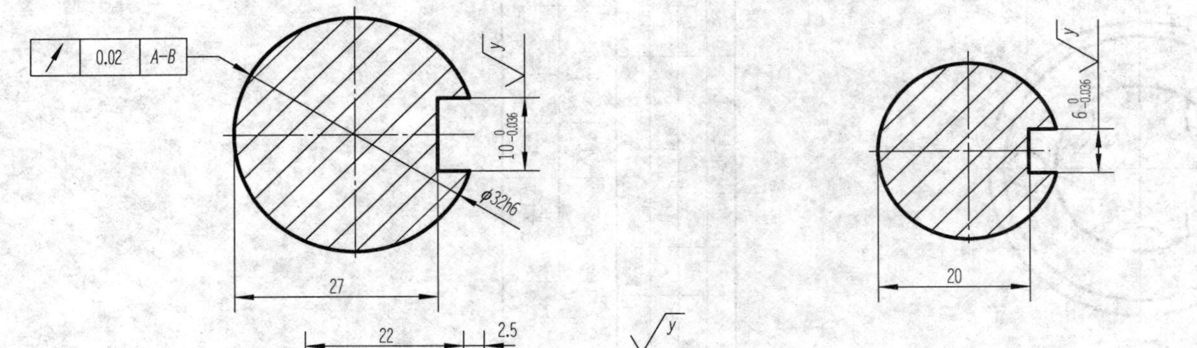

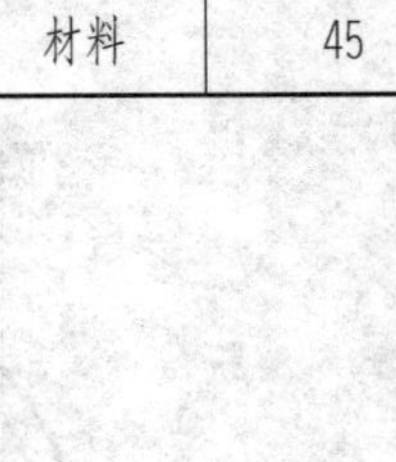

$$\sqrt{x} = \sqrt{Ra\,1.6}$$
$$\sqrt{y} = \sqrt{Ra\,3.2}$$
$$\sqrt{Ra\,6.3}\ (\sqrt{\ })$$

技术要求
1. 调质处理HB220~250。
2. 表面发蓝处理。
3. 未注圆角R1。

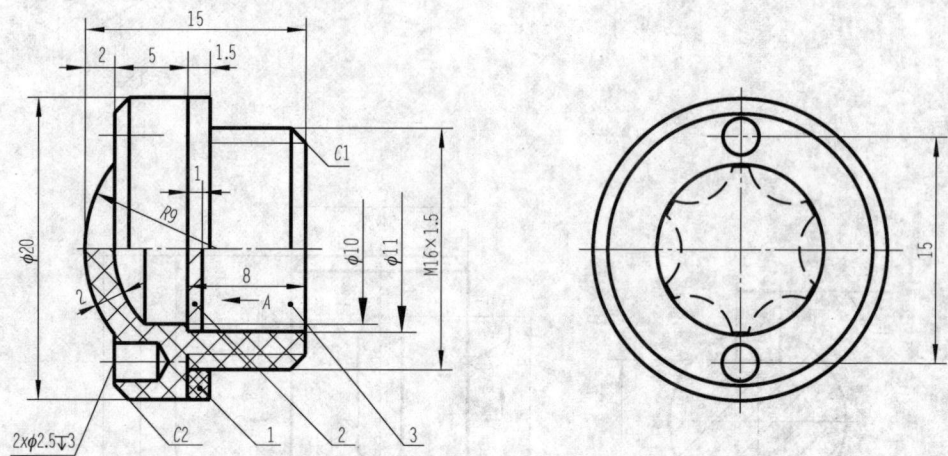

零件2 A

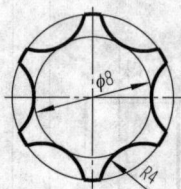

3	杯体	1	有机玻璃(透明塑料)	
2	滤油板	1	白铁皮	
1	密封圈	1	耐油橡胶	
序号	名称	数量	材料	序号

圆形塑料油标	序号	20	比例	2:1
	数量	1	材料	

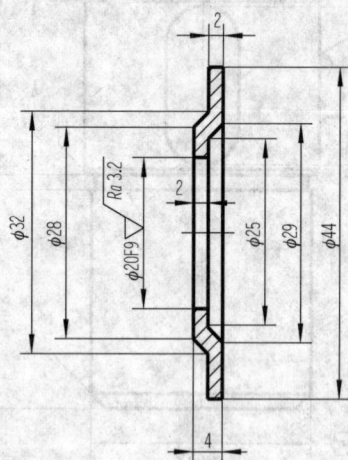

技术要求
表面发蓝。

$$\sqrt{x} = \sqrt{Ra\,1.6} \qquad \sqrt{y} = \sqrt{Ra\,3.2}$$

$$\sqrt{z} = \sqrt{Ra\,6.3} \qquad \sqrt{Ra\,12.5}\,(\sqrt{\ })$$

嵌入端盖	序号	24	比例	1:1
	数量	1	材料	Q235

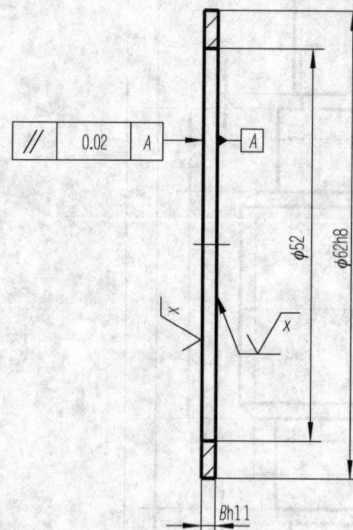

$$\sqrt{Ra\,12.5}\,(\sqrt{\ })$$

挡油环	序号	21	比例	1:1
	数量	2	材料	10

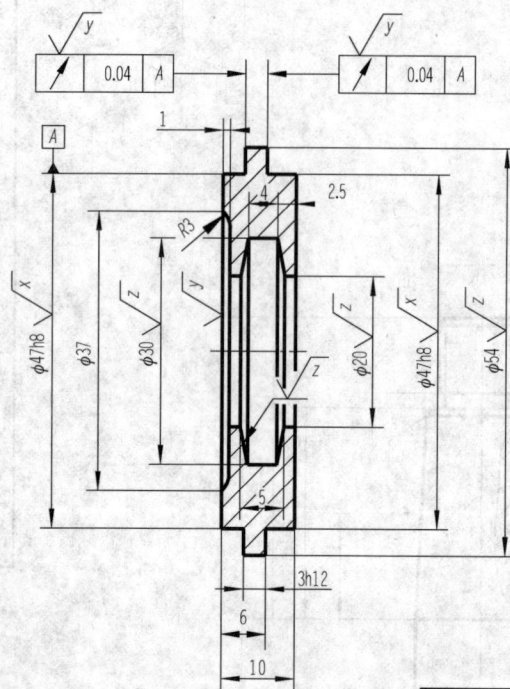

技术要求

1.厚度B为1.8、2、2.2,供装配时选用。
2.表面发蓝。

$$\sqrt{x} = \sqrt{Ra\,3.2}$$

$$\sqrt{Ra\,12.5}\,(\sqrt{\ })$$

调整环	序号	26	比例	1:1
	数量	1	材料	Q235

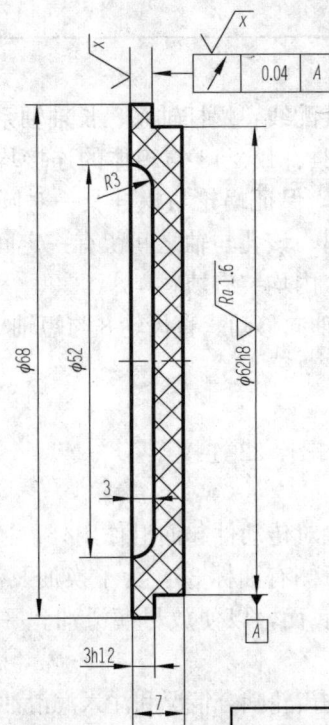

法向模数	m_n	2
齿 数	Z_2	55
齿形角	α	20°
精度等级		8-7-7HK GB/T 10095—2008
配偶齿轮	件号	17
	齿数 Z_2	15
公法线长度	W_k	39.92
跨齿数	k	7

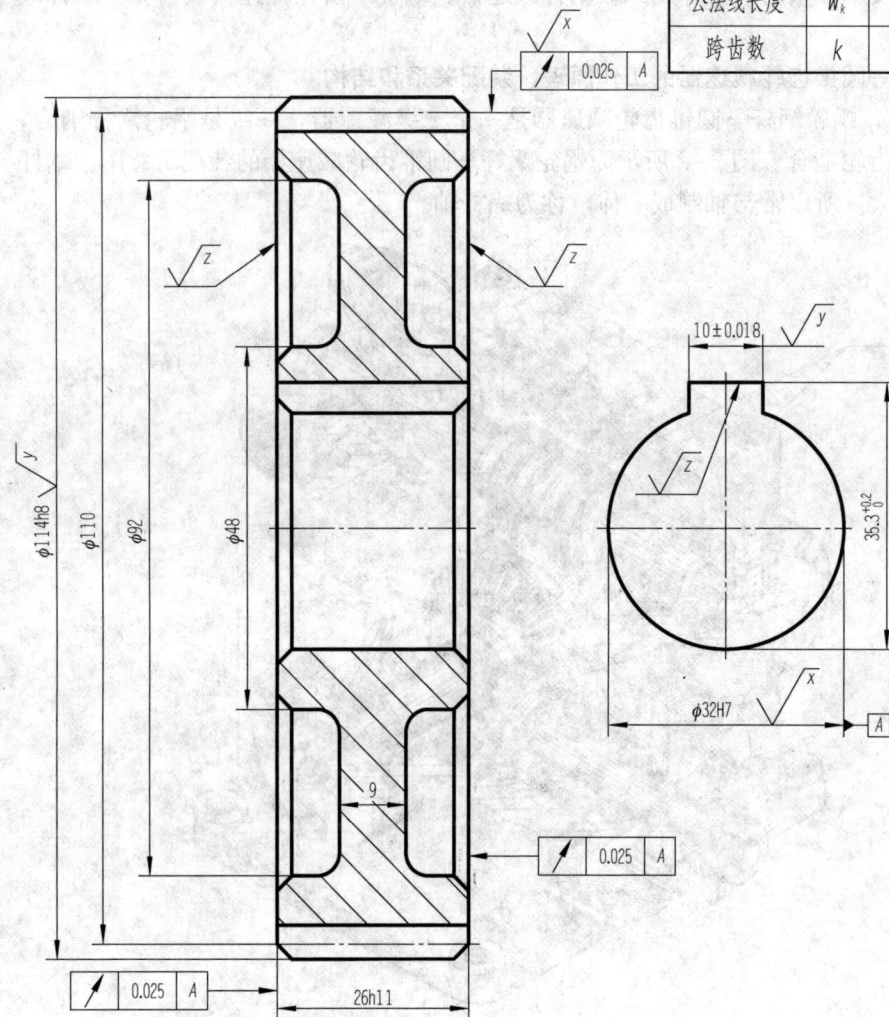

$$\sqrt{x} = \sqrt[\ ]{Ra\,3.2}$$

$$\sqrt[\ ]{Ra\,12.5}\ (\sqrt{\ })$$

嵌入端盖	序号	28	比例	1:1
	数量	1	材料	尼龙66

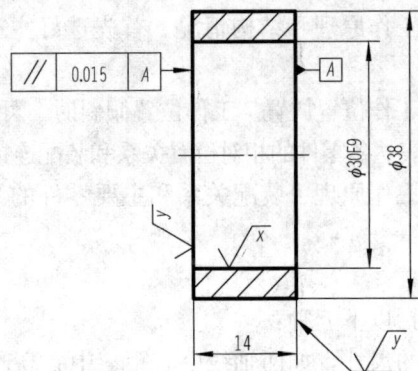

技术要求
表面发蓝。

$$\sqrt{x} = \sqrt[\ ]{Ra\,3.2}$$

$$\sqrt{y} = \sqrt[\ ]{Ra\,6.3}$$

$$\sqrt[\ ]{Ra\,12.5}\ (\sqrt{\ })$$

支撑环	序号	29	比例	1:1
	数量	1	材料	Q235

技术要求
1.非加工表面涂防锈漆。
2.调质处理HB241~262。
3.未注圆角R3。
4.未注倒角C2,其表面粗糙度为Ra 6.3μm。

$$\sqrt{x} = \sqrt[\ ]{Ra\,1.6} \qquad \sqrt{y} = \sqrt[\ ]{Ra\,3.2}$$

$$\sqrt{z} = \sqrt[\ ]{Ra\,6.3} \qquad \sqrt[\ ]{Ra\,50}\ (\sqrt{\ })$$

齿轮	序号	31	比例	1:1
	数量	1	材料	HT200

装配体二 蜗轮蜗杆—圆锥齿轮减速器

一、概述

蜗杆减速器是普通减速器中的一种常见减速装置，用于传递交错轴之间的运动和动力，通常两轴交错角为 90°。在一般蜗杆传动中，都是以蜗杆为主动件。其特点是外廓尺寸小，传动比大，传动平稳，噪声小，但效率较低，且由于蜗轮材料多用青铜等贵重金属制造，成本较高。当传动比要求较大时，可采用二级蜗杆减速器、蜗杆—齿轮减速器或齿轮—蜗杆减速器。

二、蜗轮蜗杆—圆锥齿轮减速器的工作原理、装配关系和结构

如图 2-1 所示，蜗轮蜗杆—圆锥齿轮减速器是一个二级减速器，一级是蜗轮蜗杆啮合，另一级是一对圆锥齿轮啮合。图 2-2 所示为蜗轮蜗杆—圆锥齿轮减速器的装配示意图。蜗杆的螺旋部分直径不大，所以常与轴制成一体，称为蜗杆轴。

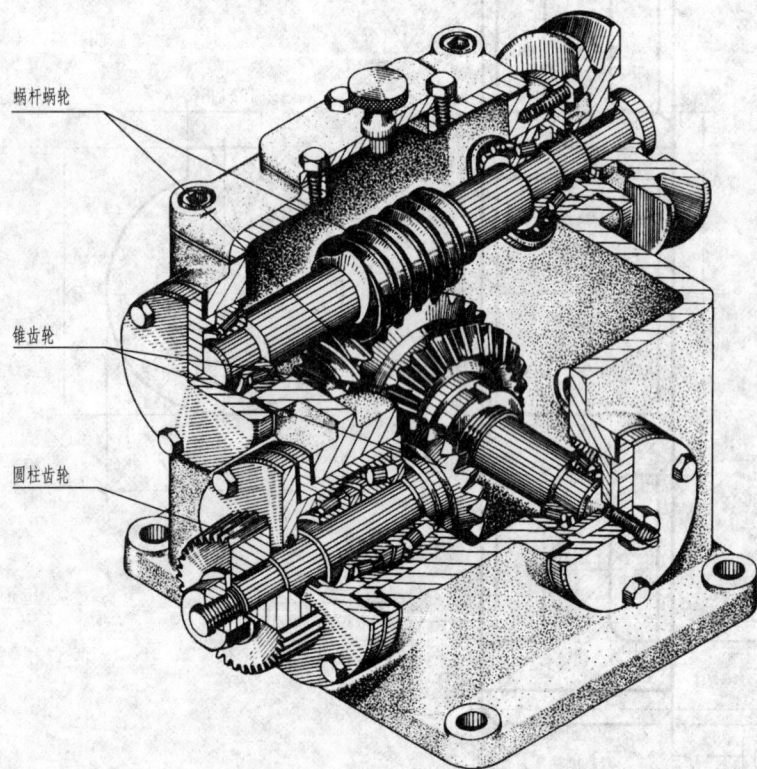

蜗杆蜗轮

锥齿轮

圆柱齿轮

图 2-1 蜗轮蜗杆—圆锥齿轮减速器

本减速器工作时，原动机带动三角皮带轮 41 转动，通过蜗杆轴 50 使与其啮合的蜗轮 49 转动，蜗轮与长轴 47 用键 44 连接，通过长轴使与其连接的圆锥齿轮 33 随着长轴转动，长轴 47 与圆锥齿轮 33 之间用平键 20 连接，由圆锥齿轮 33 的回转使得与其啮合的另一个圆锥齿轮 16 回转，再通过平键 15 使短轴 7 转动。因此，该减速器的输入轴是蜗轮轴 50，输出轴是短轴 7。

本减速器由 50 种零部件装配而成，其零件明细表见表 2-1。

1. 三条主要装配线

本减速器的整个传动过程有三条主要装配线：蜗杆轴系、长轴轴系和短轴轴系。

各轴均有滚动轴承支承。端盖 3、6、24、42、48 与箱体的连接均采用螺钉连接，中间有垫圈 2、5、12、19，用以调整轴向间隙，保证蜗轮与蜗杆及一对圆锥齿轮正确的相对位置。输入、输出轴从端盖 42、6 的孔中伸出，该孔与轴之间留有一定间隙。为了防止箱体内润滑油渗漏及灰尘进入机体内，端盖 42、6 内均装有填料 43。

螺钉 18 和垫圈 17 是防止圆锥齿轮 16 轴向移动。直齿轮 8 与短轴 7 由平键 9 连接。两个滚动轴承与套圈 14 等全套在套管 4 中。

2. 箱体

箱盖 27 与箱体 1 间有垫圈 38，用 4 个螺栓 32 连接。

3. 附件

在减速器箱体内一般都储存润滑油，除对传动件起润滑作用外，还有散热的作用。为了从外部观测润滑油的多少，在箱体 1 的右下侧有油标 35。为了换油及清洗机体时排出油污，在机体底部有放油孔，其位置应低于油池底面，以便放尽润滑油。平时放油孔用六角螺塞 34、垫圈 36 封住，以防漏油。

箱盖 27 上视孔是为了便于观察箱体内的齿轮啮合情况和注入润滑油。用顶端盖 30 盖住视孔，以防止污物进入机体内和润滑油飞溅出来。顶端盖 30 与箱盖 27 间装有垫圈 28，并用 4 个螺钉 31 紧固。在顶端盖 30 上装有通气器 29，使机体内热胀气体能自由逸出，以保证机体内外压力均衡，提高机体有缝隙处的密封性能，也兼作为顶端盖 30 的把手之用。通气器 29 上的通气孔不直通顶端，而是横向钻一个 $\phi 5$ 孔，使其与外界相通，以防灰尘进入。

三、绘制蜗轮蜗杆—圆锥齿轮减速器装配图的提示

1. 装配图的表达方案

画部件的装配图，必须清楚地表达部件的工作原理及各零件的相对位置关系和装配连接关系。在选择表达方案时，必须了解部件的工作原理和结构情况。首先选好主视图，然后根据需要选择其他视图。

主视图的选择应满足以下要求：按部件的工作位置放置。工作位置倾斜时，可将其放正；清楚地表达部件的工作原理和形状特征；清楚地表达各零件的相对位置关系和装配连接关系。

其他视图的选择：分析部件中还有哪些工作原理、装配关系和主要零件的结构没有表达清楚，然后确定选用适当的其他视图。

2. 装配图的尺寸标注

在装配图上应标出必要的尺寸，主要包括以下五种：

（1）性能尺寸：表示部件的性能和规格的尺寸，如两轴线中心距、中心高。

（2）装配尺寸：表示零件之间装配关系的尺寸，如配合尺寸和重要的相对位置尺寸。减速器中滚动轴承与轴的配合尺寸，齿轮和轴的配合尺寸等。

（3）安装尺寸：将部件安装到机座上所需要的尺寸，如安装孔的孔径和定位尺寸。

（4）外形尺寸：部件在长、宽、高三个方向上的最大尺寸。

（5）其他重要尺寸：如齿轮宽度等。

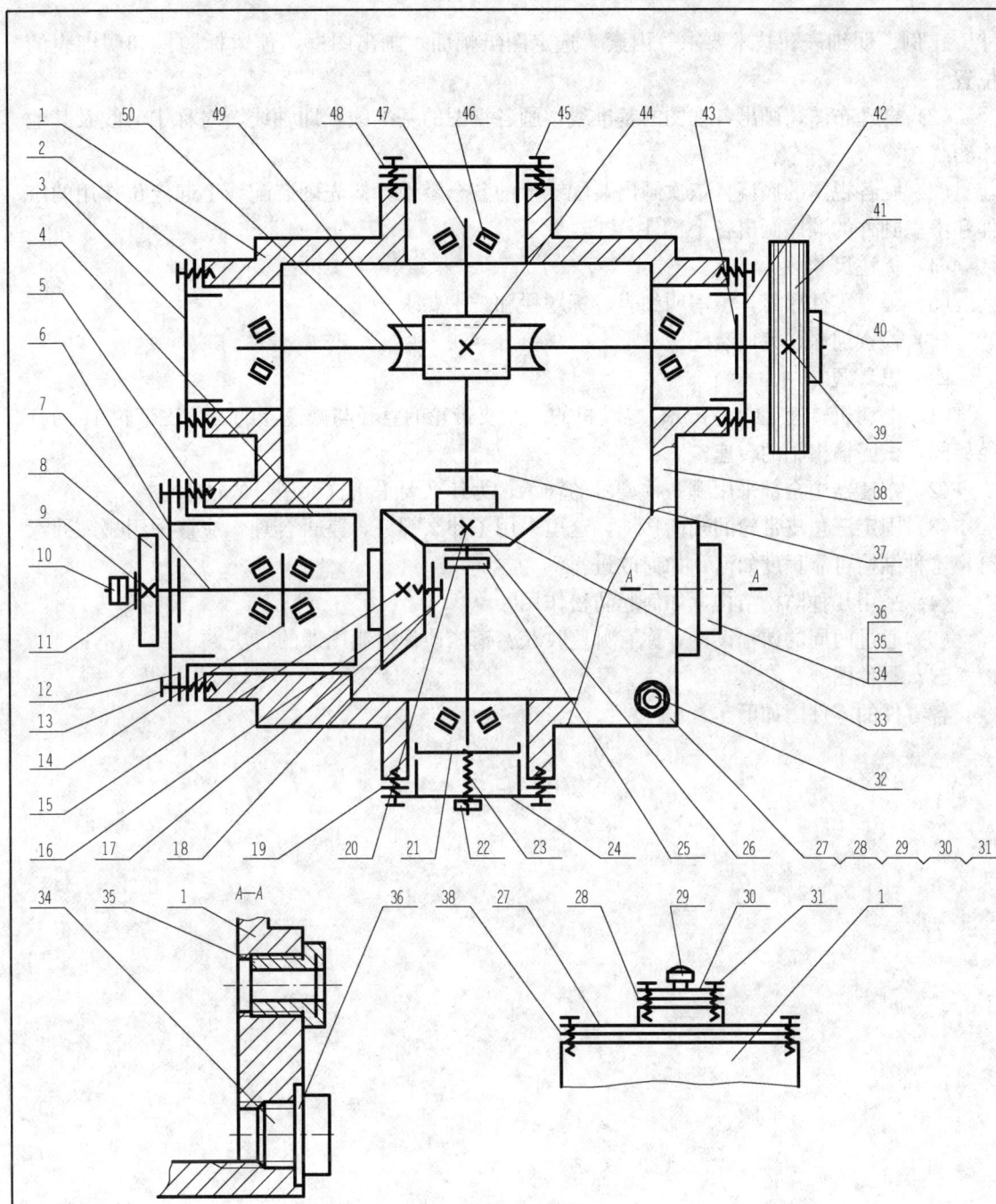

图 2-2 蜗轮蜗杆—圆锥齿轮减速器的装配示意图

表 2-1 蜗轮蜗杆—圆锥齿轮减速器零件

序号	名 称	数量	材 料	备 注	页 码
1	箱体	1	HT150		15
2	垫圈	2	纸箔		16
3	左上端盖	1	HT150		16
4	套管	1	HT150		17
5	垫圈	1	Q235		16
6	左下端盖	1	Q235		17
7	圆锥齿轮轴	1	45		18
8	直齿轮	1	45		16
9	键 6×12	1		GB/T 1096—2003	
10	六角螺母 M12	2		GB/T 6175—2000	
11	垫圈 12	1		GB/T 97.1—2002	
12	垫圈	1	纸箔		16
13	六角螺栓 M6×20	4		GB/T 5782—2000	
14	衬套	1	Q235		17
15	键 B6×18	1		GB/T 1096—2003	
16	大圆锥齿轮	1	40Cr		19
17	垫圈	1	Q235		18
18	螺钉 M6×14	1		GB/T 65—2000	
19	垫圈	2	纸箔		16
20	键 8×13	1		GB/T 1096—2003	
21	压碗	1	Q235		17
22	螺母 M8	1		GB/T 6175—2000	
23	紧定螺钉 M8×30	1		GB/T 71—1985	
24	前端盖	1	Q235		18
25	圆螺母 M30×1.5	1		GB/T 812—1988	
26	挡环	1	Q235		21
27	箱盖	1	HT150		20
28	垫圈	1	纸箔		21
29	通气器	1	Q235		21
30	顶端盖	1	HT150		21
31	螺钉 M5×12	4		GB/T 65—2000	
32	内六角圆柱头螺钉	4		GB/T 70.1—2000	
33	小圆锥齿轮	1	40Cr		19
34	六角螺塞	1		JB/T 1700—2008	
35	圆形塑料油标	1		JB/T 7941.2—1995	
36	垫圈 16	1		JB/T 1718—2008	
37	垫片	1	纸箔	$\phi47×\phi31×1$	
38	垫圈	1	纸箔		22
39	键 5×10	1		GB/T 1096—2003	
40	紧定螺钉 M5×10	1		GB/T 71—1985	
41	三角皮带轮	1	Q235		23
42	右端盖	1	HT150		23
43	填料	2	毛毡		
44	键 10×22	1		GB/T 1096—2003	
45	六角螺栓 M6×12	16		GB/T 5782—2000	
46	滚动轴承 7205	6		GB/T 297—1994	
47	长轴	1	45		22
48	后端盖	1	Q235		24
49	蜗轮	1	40Cr		24
50	蜗杆轴	1	40Cr		25

3. 装配图的技术要求

（1）装配前，所有零件用煤油清洗，滚动轴承用汽油清洗，机体内不允许有任何杂物存在，内壁刷涂上不被机油侵蚀的涂料两次。

（2）啮合侧隙用铅丝检验不小于 0.6mm，铅丝直径不得大于最小侧隙的四倍。

（3）用涂色法检验斑点。按齿高接触斑点不小于 40%，按齿长接触斑点不小于 50%，必要时可用研磨或刮后研磨以便改善接触情况。

（4）应调整轴承轴向间隙为 0.03～0.08mm。

（5）检查减速器密封面，各接触面积密封处，均不许漏油，密封面允许涂以密封油漆或水玻璃，但不允许使用任何填料。

（6）机座内装 HJ-50 润滑油至规定高度。

（7）表面涂绿色油漆。

4. 绘制装配图的注意事项

（1）装配图中各个视图应按投影关系正确表达。

（2）在装配图中，注意不同零件应用剖面线的方向和间隔加以区别。

（3）画装配图时，各零件必须按零件图所给出的形状尺寸和说明画出，标准件应查表按规定画法画出，不能随意绘制。

（4）装配图上的序号不受装配示意图的限制，应根据所绘图样按顺序编写。相同零件只编一个号。注意图上的编号与明细表内的序号、名称相对应。

5. 画装配图的步骤

（1）定表达方案、定比例、定图幅、画出图框。按选择的表达方案，并考虑图形尺寸、比例、明细表、技术要求等因素，选定图纸幅面，画出图框，预留标题栏和明细表的位置。

（2）合理布图，画出各视图的基准线：画各视图的基准线，即轴线、对称中心线及其他作图线。

（3）画各视图的底稿。依次画出装配线上的各个零件，按先画装配线上起定位作用的零件和由里到外的顺序画出各个零件。

（4）标注尺寸。

（5）编写零件序号，填写明细表、标题栏和技术要求。

（6）检查加深，完成装配图。

四、思考题

（1）电动机转速 1450r/min，电动机的三角皮带轮的直径与减速器的三角皮带轮 41 的直径相同，试问输出轴的转速？

（2）减速器中全部采用哪一种型号的轴承，为什么要采用这种型号的轴承？

（3）固定三角皮带轮的轴向移动，这里采用了什么螺钉，是否合理？应该采用哪一种螺钉，这种结构可靠程度如何，如何改进？

（4）采用几种防松结构，如何起防松作用？

（5）通过两周的课程设计，你有哪些收获？请谈谈你对制图课的看法。

五、零件图

各零件的零件图如下。

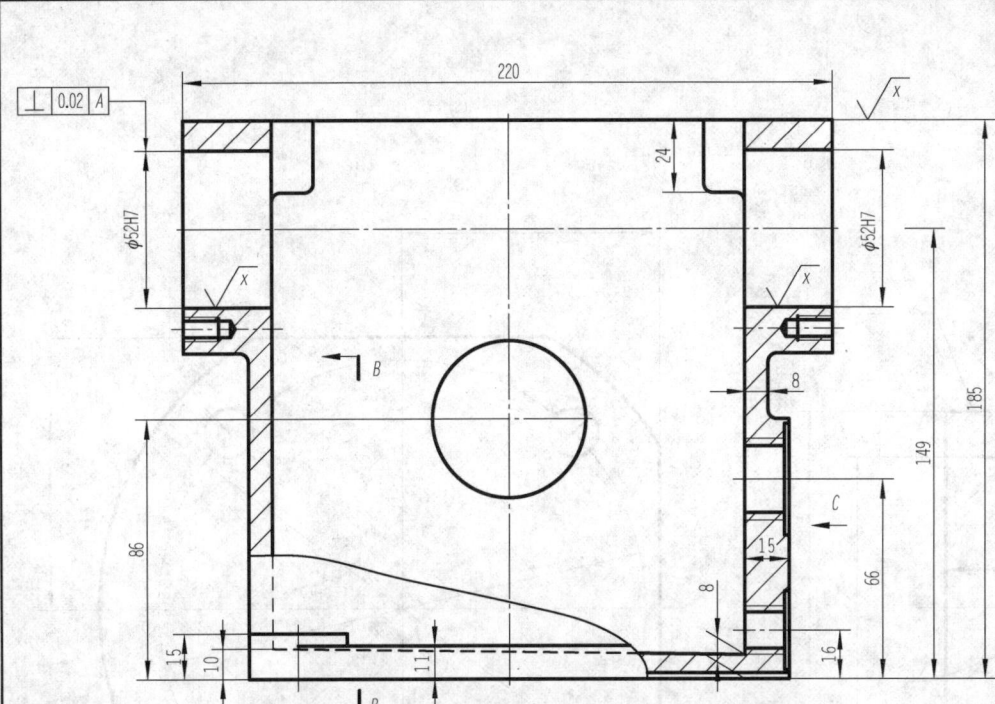

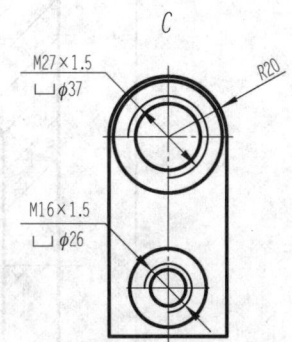

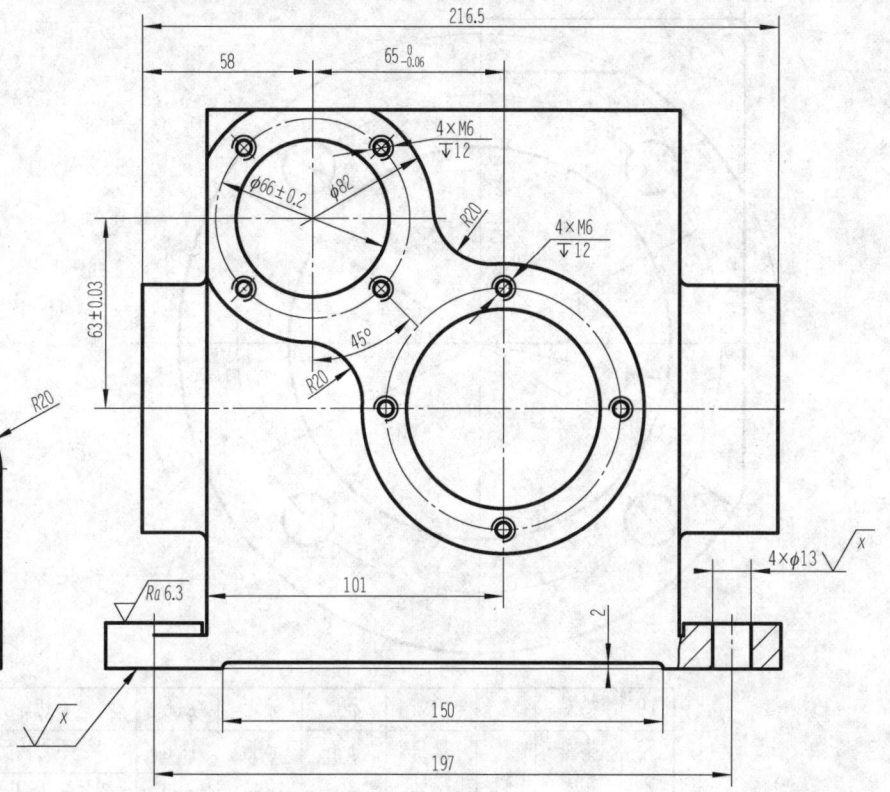

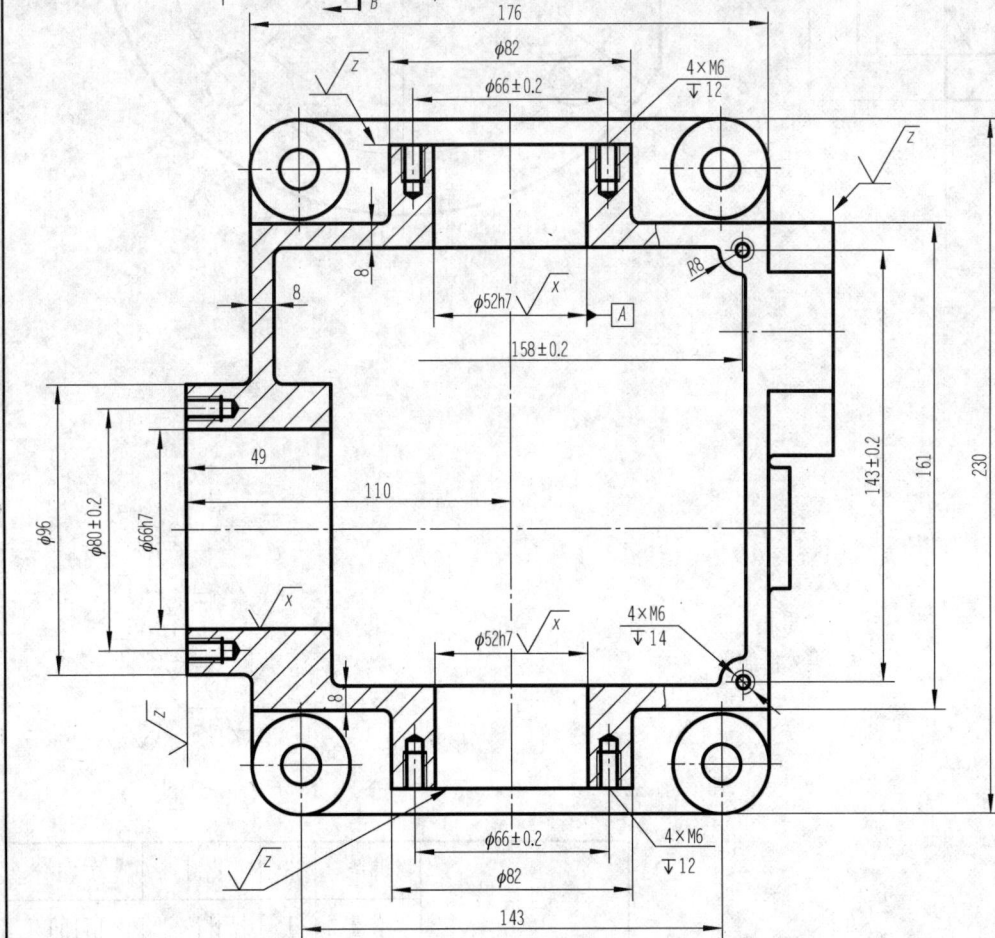

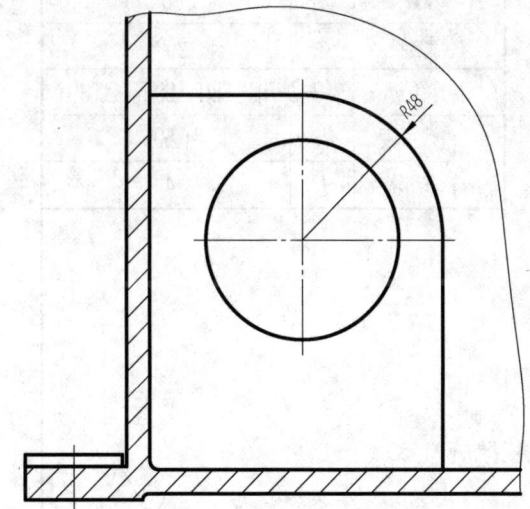

技术要求
1. 未注圆角均为R2~R4。
2. 螺纹孔表面粗糙度为Ra 6.3μm。
3. 毛坯需时效处理。

底座	序号	1	比例	1：2.5
	数量	1	材料	HT150

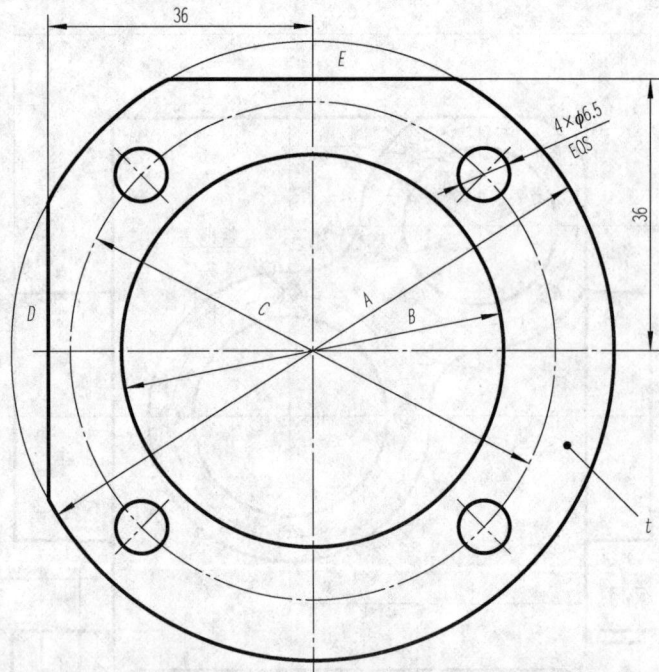

19	垫圈	2	纸箔	$\phi 82$	$\phi 52$	$\phi 66$	不切除D、E
12	垫圈	1	纸箔	$\phi 96$	$\phi 66$	$\phi 80$	不切除D、E
5	垫圈	1	Q235	$\phi 96$	$\phi 66$	$\phi 80$	不切除D、E，t为1.5
2	垫圈	2	纸箔	$\phi 82$	$\phi 52$	$\phi 66$	
序号	名称	数量	材料	尺寸A	尺寸B	尺寸C	备注

法向模数	m_n	2
齿 数	Z_1	30
齿形角	α	$20°$
精度等级		8-7-7HK GB/T 10095—2008
公法线长度	W_k	21.505
跨 齿 数	k	4

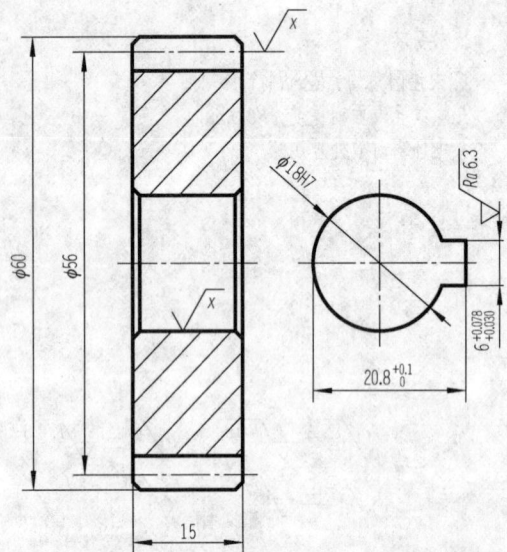

技术要求
未注倒角C1。

$\sqrt{x} = \sqrt{Ra\ 1.6}$

$\sqrt{Ra\ 6.3}\ (\sqrt{\ })$

技术要求
边角处倒角C1。

$\sqrt{x} = \sqrt{Ra\ 1.6}$

$\sqrt{y} = \sqrt{Ra\ 50}$

$\sqrt{Ra\ 6.3}\ (\sqrt{\ })$

直齿轮	序号	8	比例	1:1
	数量	1	材料	45

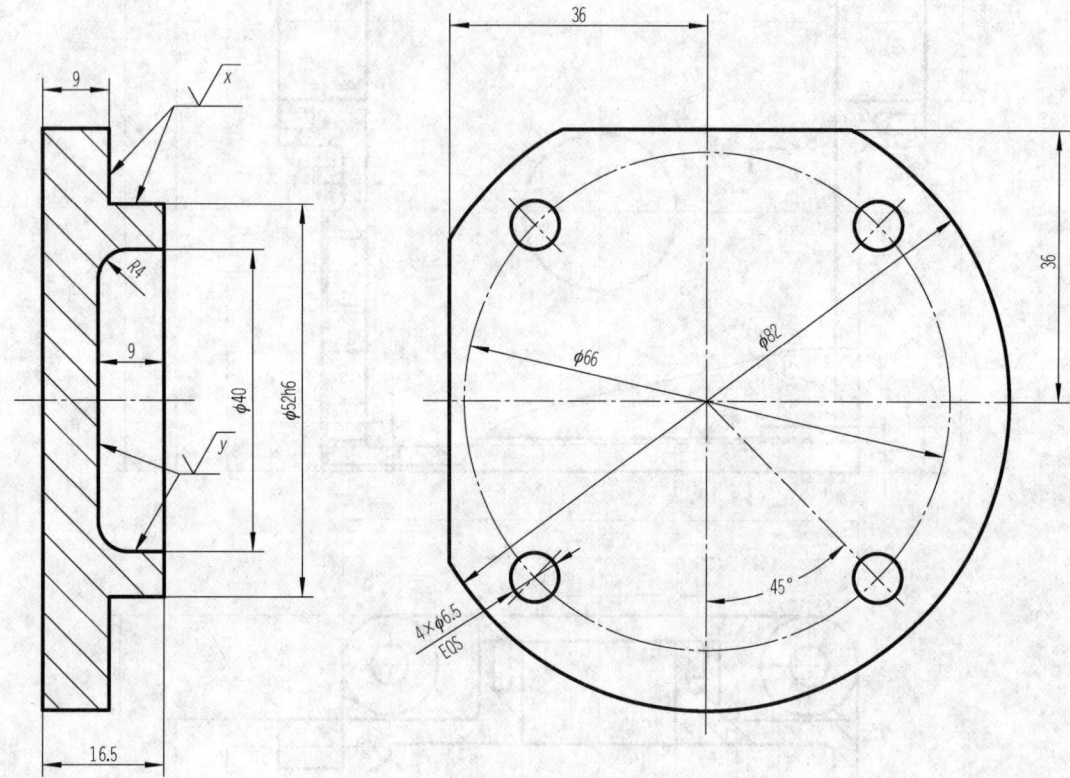

左上端盖	序号	3	比例	1:1
	数量	1	材料	HT150

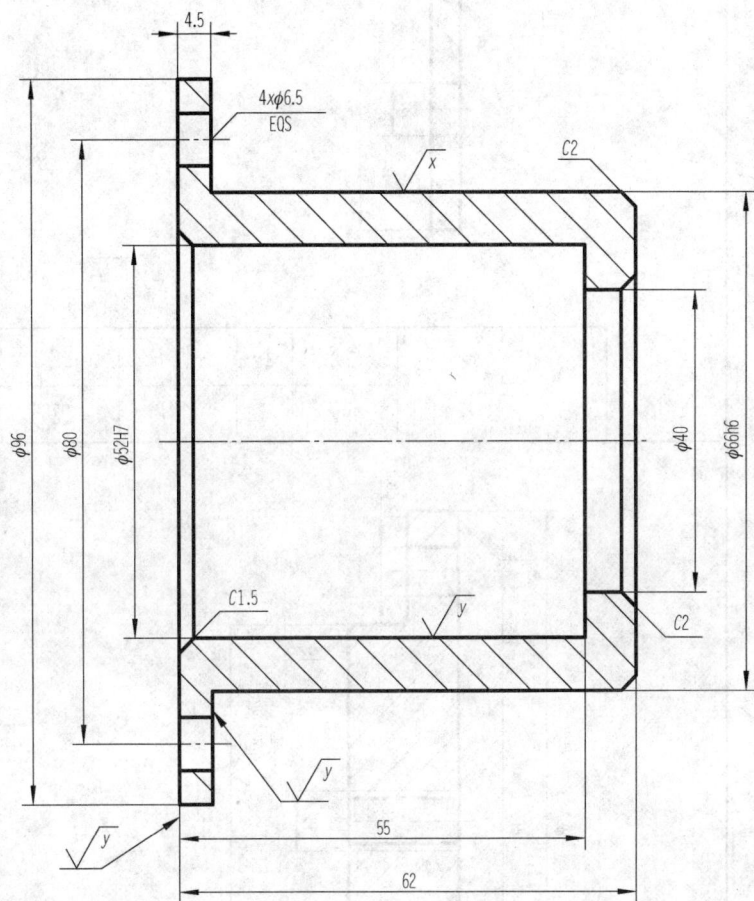

管套

4.5
4xφ6.5 EQS
C2
x
φ96
φ80
φ52H7
φ66h6
φ40
C2
C1.5
y
y
55
62

$\sqrt{x} = \sqrt{Ra\,0.8}$
$\sqrt{y} = \sqrt{Ra\,3.2}$
$\sqrt{Ra\,50}$ (√)

管套	序号	4	比例	1:1
	数量	1	材料	HT150

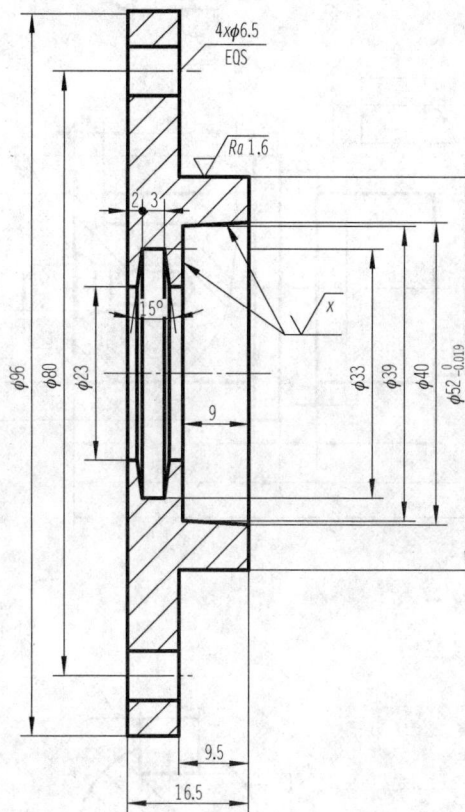

左下端盖

4xφ6.5 EQS
Ra 1.6
2、31
15°
φ96
φ80
φ23
9
φ33
φ39
φ40
φ52-0.019
x
9.5
16.5

技术要求
边角处倒角C1。

$\sqrt{x} = \sqrt{Ra\,50}$
$\sqrt{Ra\,12.5}$ (√)

左下端盖	序号	6	比例	1:1
	数量	1	材料	Q235

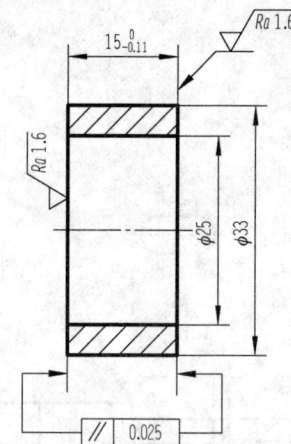

衬套

15-0/-0.11
Ra 1.6
Ra 1.6
φ25
φ33
// 0.025

技术要求
锐边倒棱。

$\sqrt{Ra\,12.5}$ (√)

衬套	序号	14	比例	1:1
	数量	1	材料	Q235

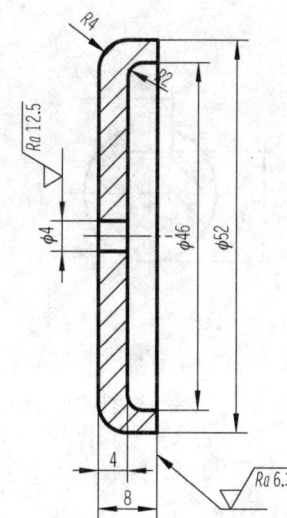

压碗

R4
Ra 12.5
φ4
φ46
φ52
4
8
Ra 6.3

$\sqrt{Ra\,12.5}$ (√)

压碗	序号	21	比例	1:1
	数量	1	材料	Q235

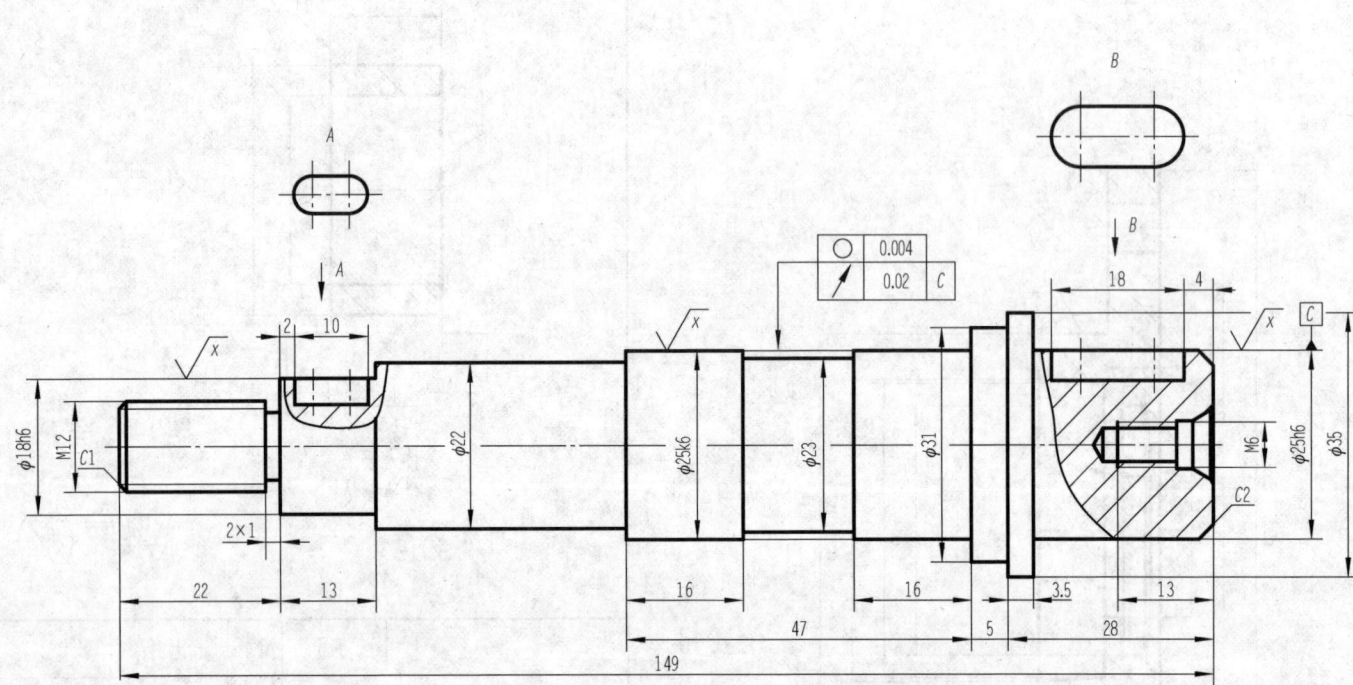

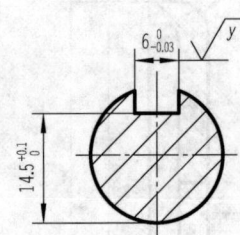

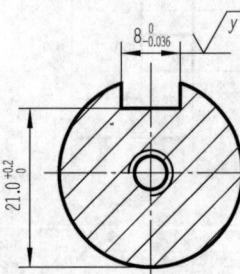

技术要求
1. 调质处理HB220~250。
2. 未注圆角R1。
3. 锐边倒棱。

$\sqrt{x} = \sqrt{Ra\,0.8}$

$\sqrt{y} = \sqrt{Ra\,3.2}$

$\sqrt{Ra\,6.3}\ (\sqrt{})$

$\sqrt{Ra\,6.3}$

$\sqrt{Ra\,6.3}\ (\sqrt{})$

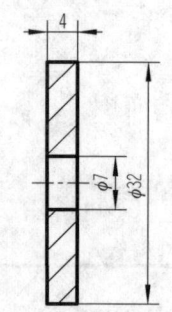

垫圈	序号	17	比例	1:1
	数量	1	材料	Q235

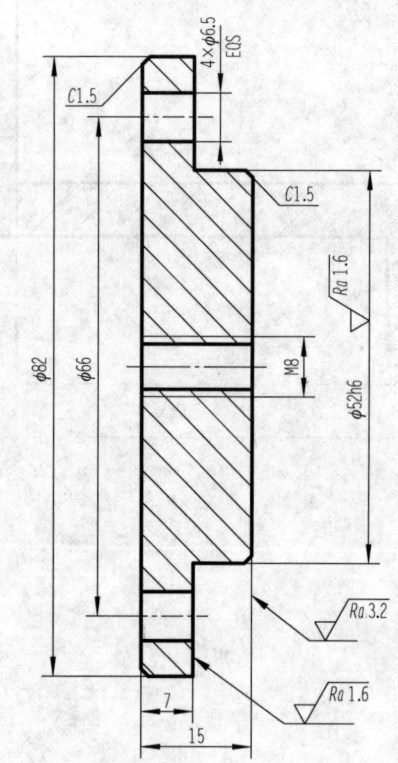

圆锥齿轮轴	序号	7	比例	1:1
	数量	1	材料	45

前端盖	序号	24	比例	1:1
	数量	1	材料	Q235

法向模数	m_n	3
齿 数	Z_1	27
齿形角	α	20°
精度等级	8bB GB/T 11365—1989	
配偶	件号	33
齿轮	齿数 Z_2	20

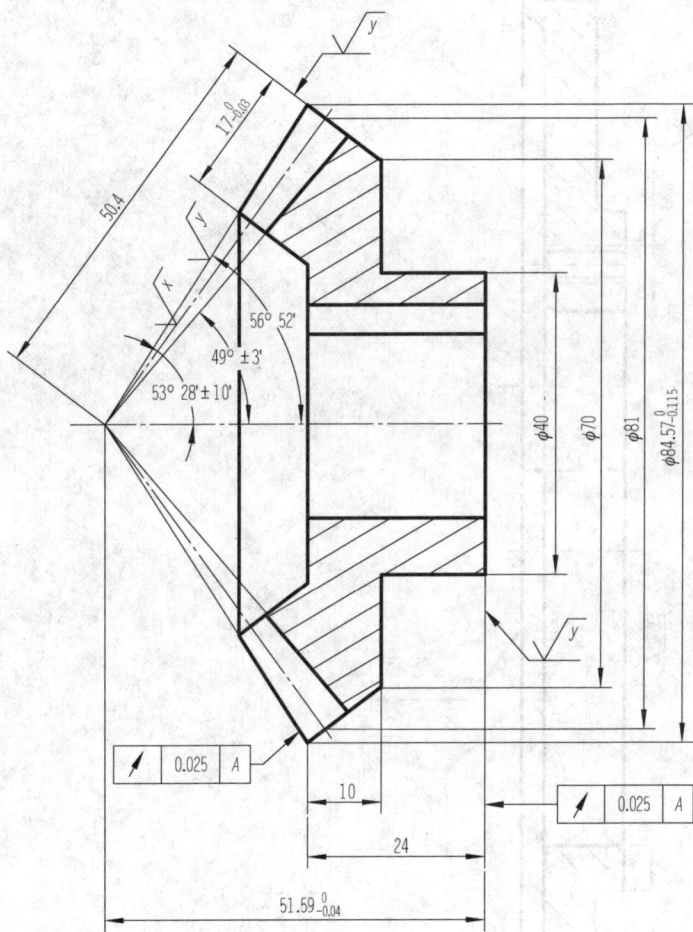

法向模数	m_n	3
齿 数	Z_2	20
齿形角	α	20°
精度等级	8bB GB/T 11365—1989	
配偶	件号	16
齿轮	齿数 Z_1	27

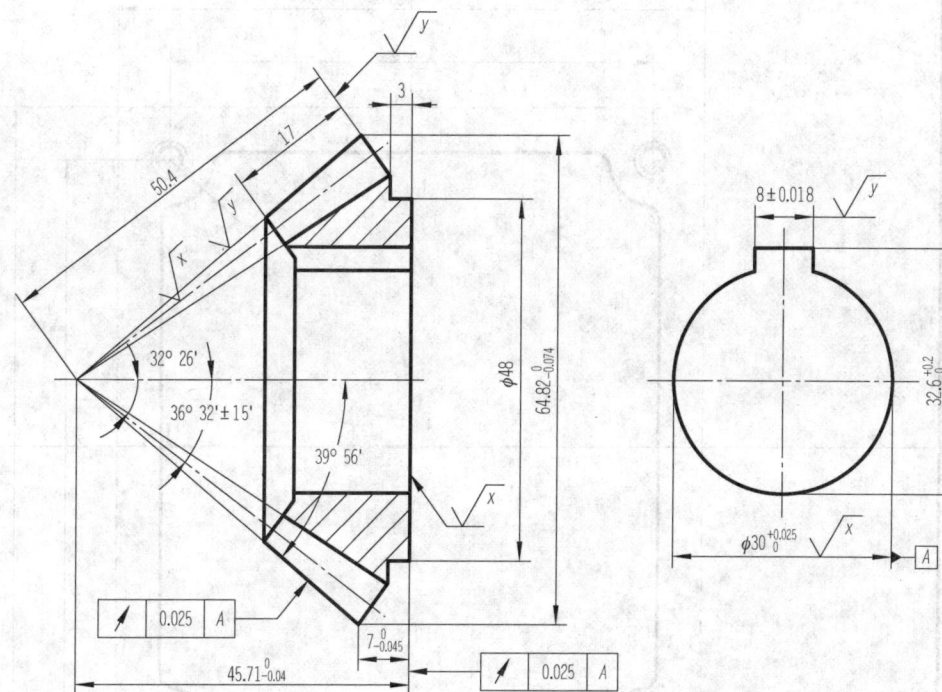

技术要求
1. 淬后硬度HRC52~56。
2. 未注圆角为R2。
3. 边角处倒角C1。

$$\sqrt{x} = \sqrt{Ra\,1.6}$$
$$\sqrt{y} = \sqrt{Ra\,3.2}$$
$$\sqrt{Ra\,6.3}\ (\sqrt{\ })$$

技术要求
1. 淬后硬度HRC52~56。
2. 未注圆角为R2。
3. 边角处倒角C1。

$$\sqrt{x} = \sqrt{Ra\,1.6}$$
$$\sqrt{y} = \sqrt{Ra\,3.2}$$
$$\sqrt{Ra\,6.3}\ (\sqrt{\ })$$

大圆锥齿轮	序号	16	比例	1:1
	数量	1	材料	40Cr

小圆锥齿轮	序号	33	比例	1:1
	数量	1	材料	40Cr

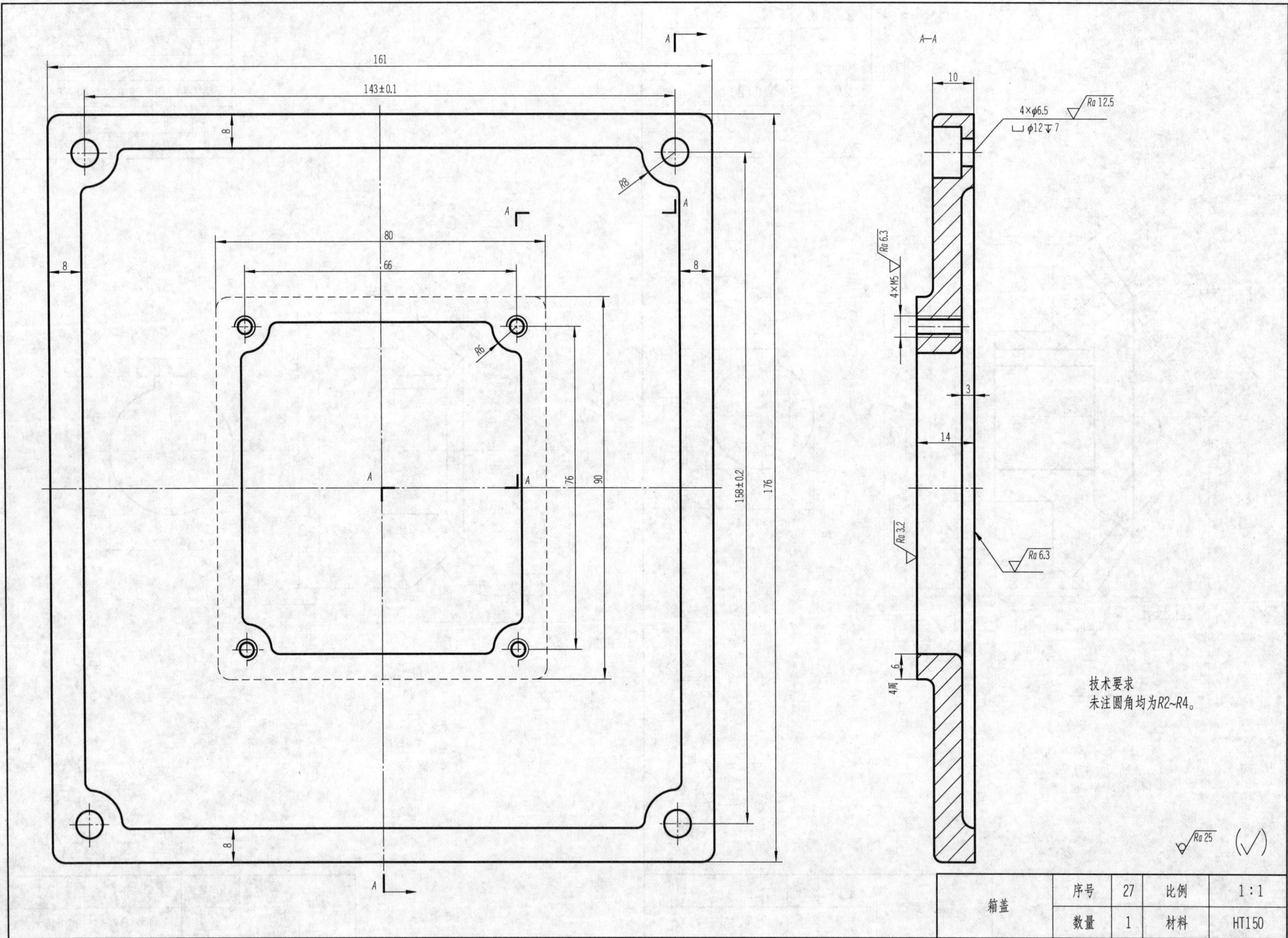

161
143±0.1
8
80
66
8
8
R8
R6
A
A
A
A
A
A
A
A
76
90
158±0.2
176
8
8

A—A
10
4×φ6.5
⌴φ12▽7
√Ra 12.5
√Ra 6.3
4×M5
3
14
√Ra 3.2
√Ra 6.3
6
4厚

技术要求
未注圆角均为R2~R4。

√Ra 25 (√)

| 箱盖 | 序号 | 27 | 比例 | 1:1 |
| | 数量 | 1 | 材料 | HT150 |

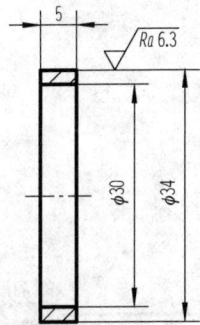

$\sqrt{Ra\,3.2}\ \left(\sqrt{\ }\right)$

挡环	序号	26	比例	1:1
	数量	1	材料	Q235

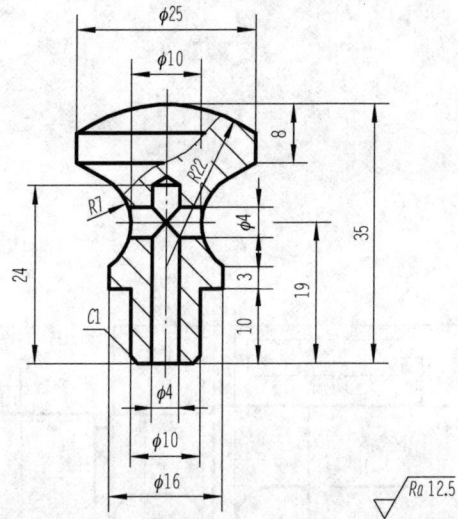

$\sqrt{Ra\,12.5}$

通气器	序号	29	比例	1:1
	数量	1	材料	Q235

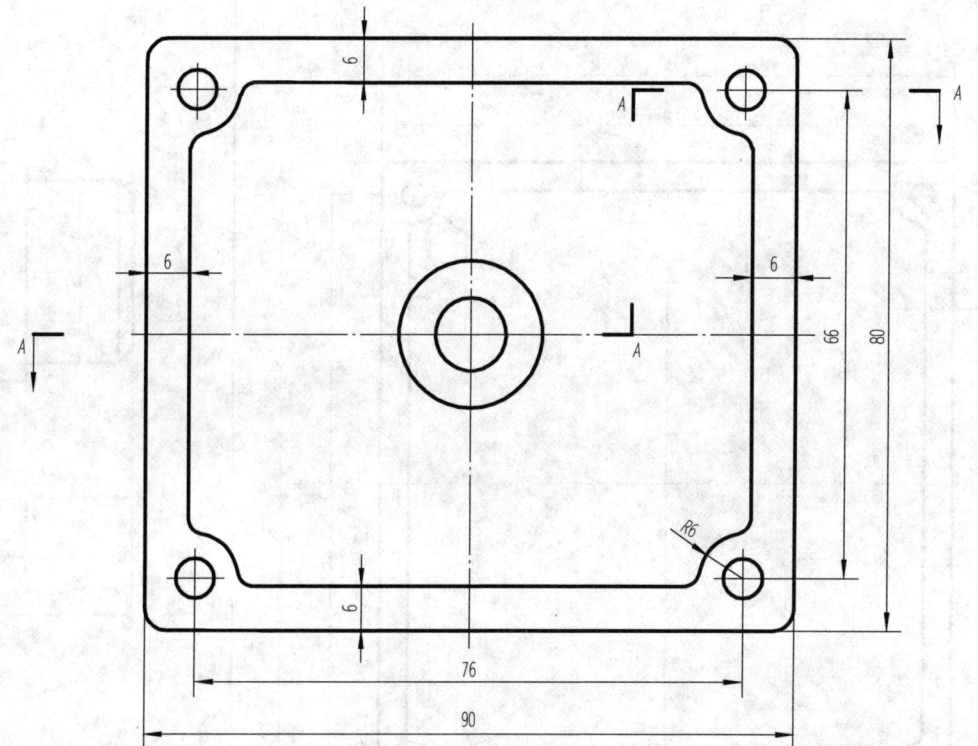

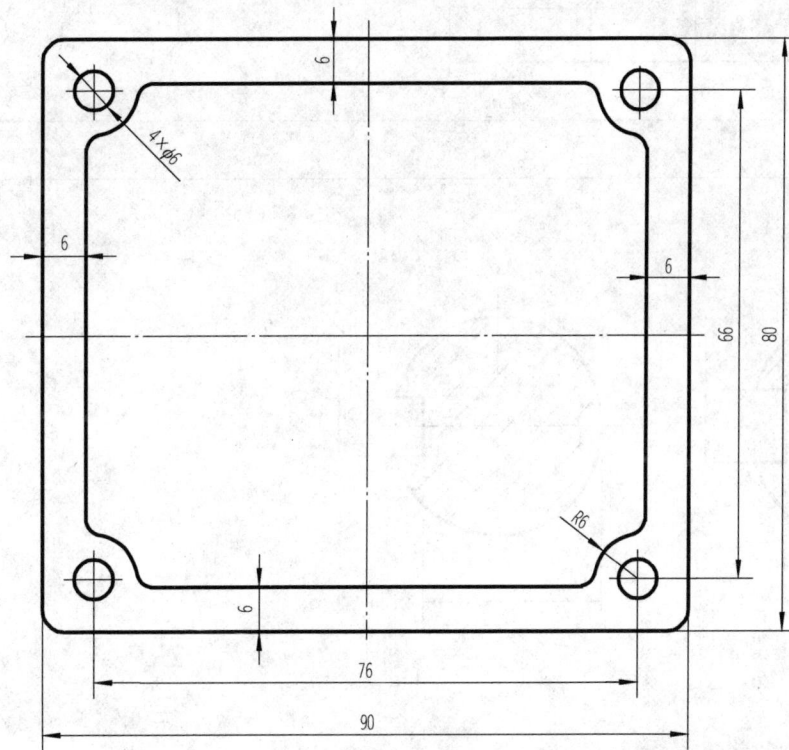

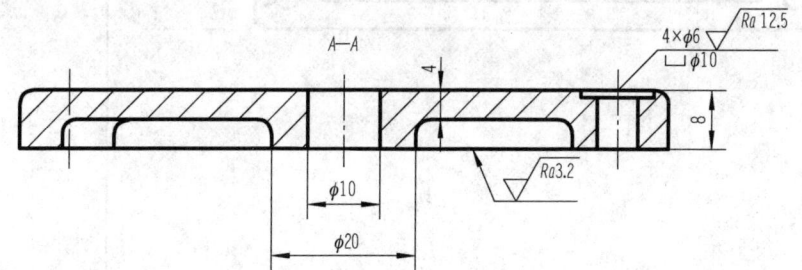

技术要求
未注圆角均为R2~R4。

$\sqrt{Ra\,50}\ \left(\sqrt{\ }\right)$

垫圈	序号	28	比例	1:1
	数量	1	材料	纸箔

顶端盖	序号	30	比例	1:1
	数量	1	材料	HT150

技术要求
调质处理HB220~250。

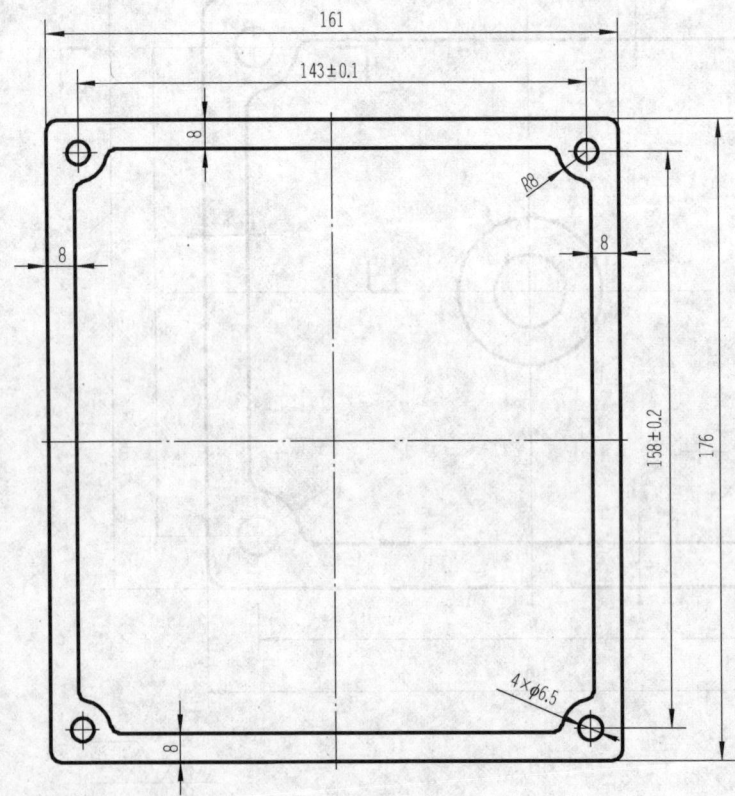

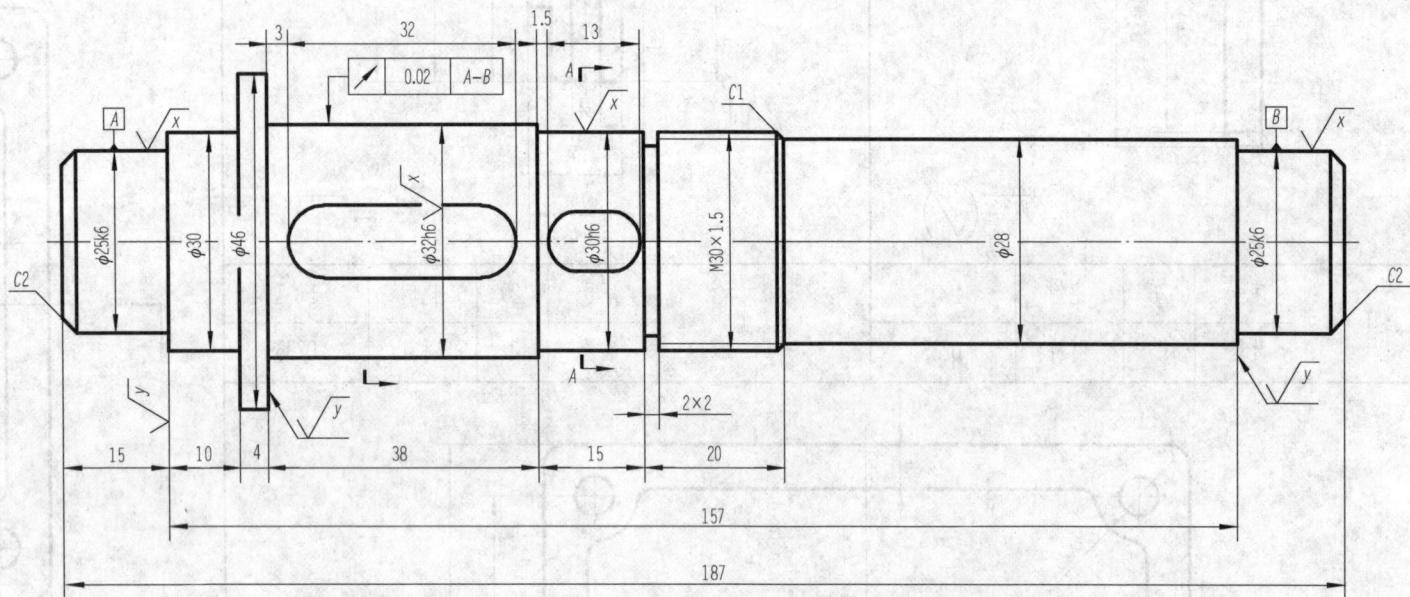

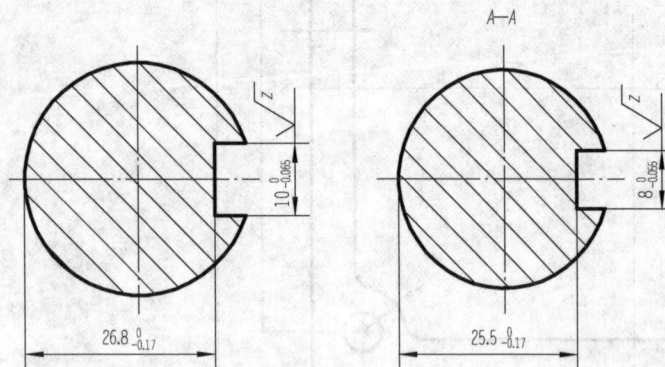

$\sqrt{x} = \sqrt{Ra\,0.8}$　　$\sqrt{y} = \sqrt{Ra\,1.6}$
$\sqrt{z} = \sqrt{Ra\,3.2}$　　$\sqrt{Ra\,6.3}\,(\sqrt{\ })$

垫圈	序号	38	比例	2:1
	数量	1	材料	纸箔

长轴	序号	47	比例	1:1
	数量	1	材料	45

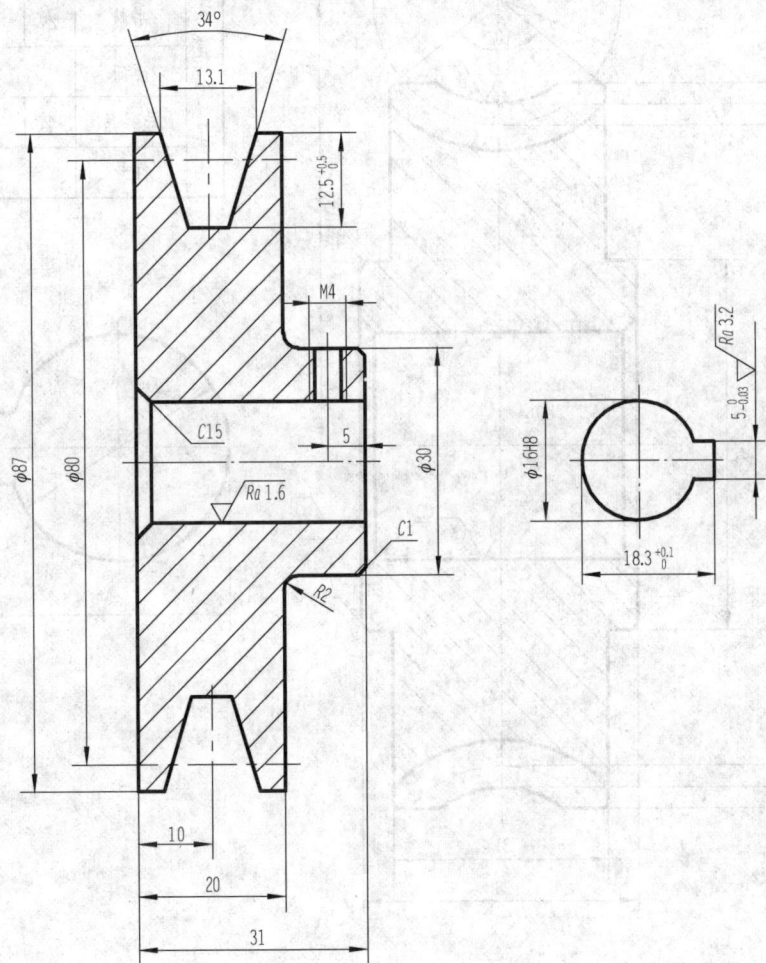

三角皮带轮

序号	41	比例	1:1
数量	1	材料	Q235

$$\sqrt{}^{Ra\,6.3}\left(\sqrt{}\right)$$

技术要求
边角处倒角C1。

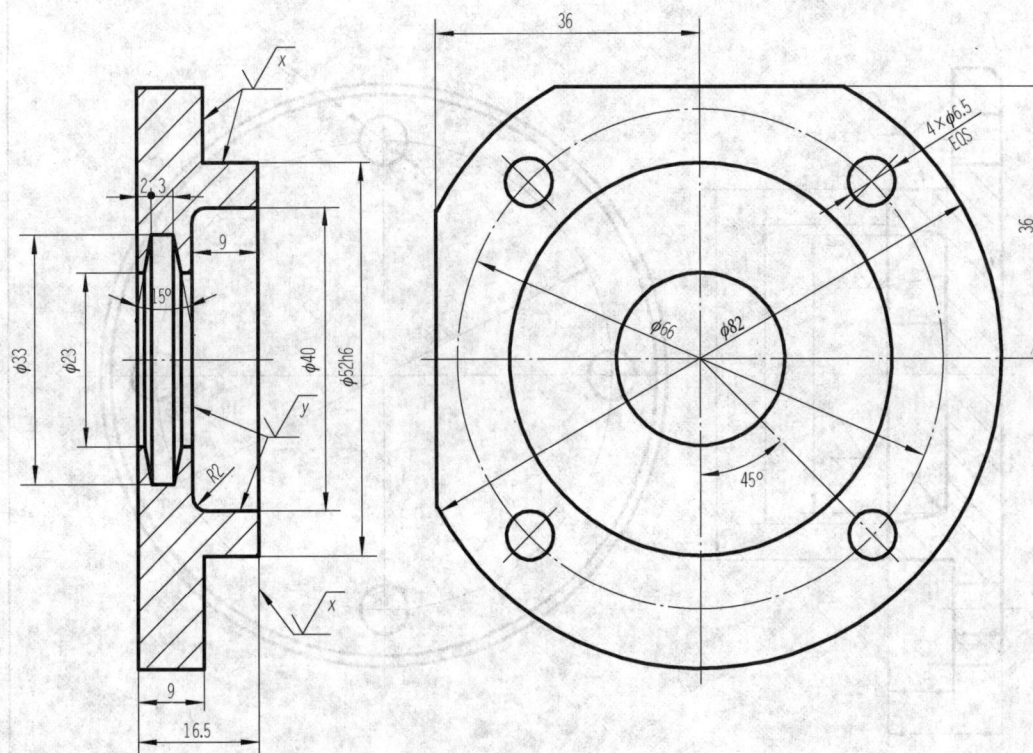

$$\sqrt{}^{x} = \sqrt{}^{Ra\,3.2}$$

$$\sqrt{}^{y} = \sqrt{}^{Ra\,25}$$

$$\sqrt{}^{Ra\,6.3}\left(\sqrt{}\right)$$

右端盖	序号	42	比例	1:1
	数量	1	材料	HT150

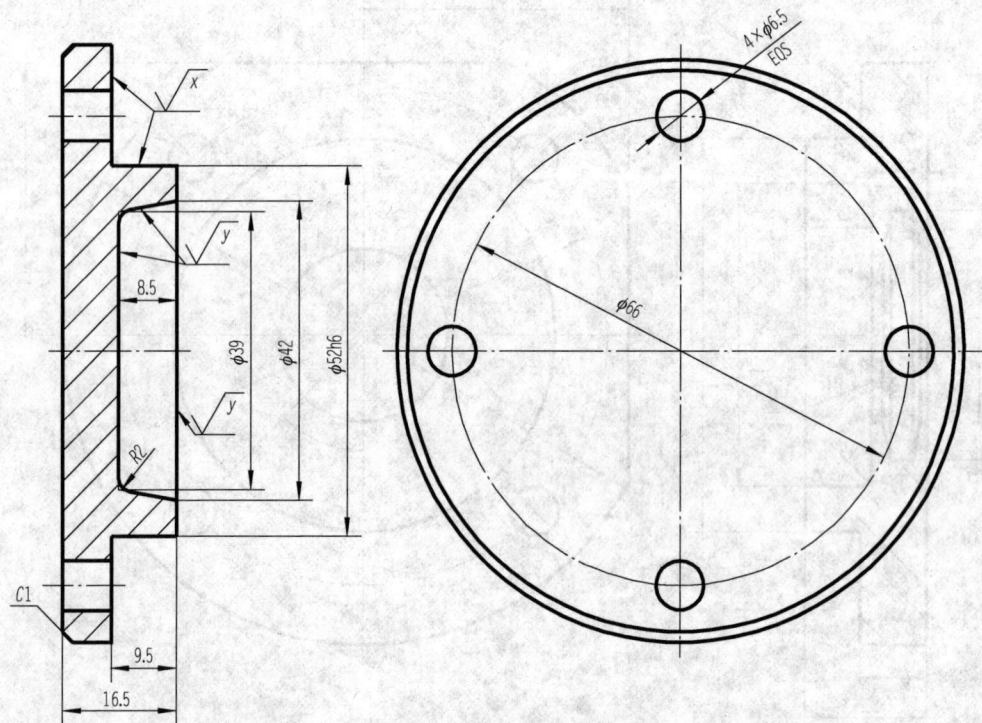

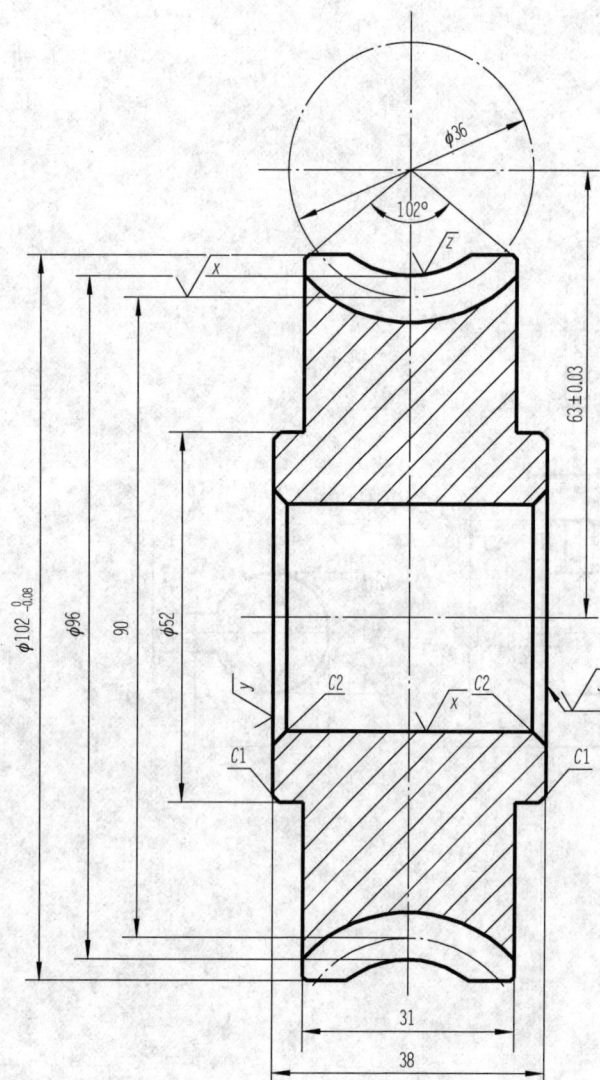

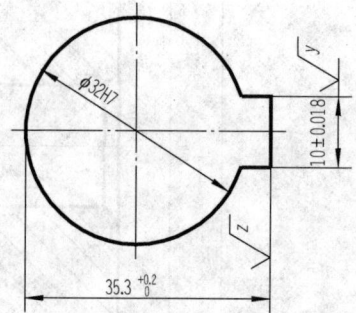

4×φ6.5
EQS

φ66

φ39
φ42
φ52h6

8.5
R2
C1
9.5
16.5

$$\sqrt{x} = \sqrt{}Ra\,3.2$$
$$\sqrt{y} = \sqrt{}Ra\,50$$
$$\sqrt{}Ra\,6.3\ (\sqrt{})$$

后端盖	序号	48	比例	1:1
	数量	1	材料	Q235

端面模数		m	3
齿 数		Z_2	30
齿形角		α	20°
精度等级		9C GB/T 10089—1988	
配偶蜗杆	轴向模数	m	3
	齿 数	Z_1	1
	旋向		右
	导程角	γ	4° 45′ 36″
	件号		50

φ36
102°

63 ± 0.03

$\phi 102^{\ 0}_{-0.08}$
φ96
90
φ52

31
38

C2 C2
C1 C1

φ32H7
10 ± 0.018
$35.3^{+0.2}_{\ 0}$

$$\sqrt{x} = \sqrt{}Ra\,1.6 \qquad \sqrt{y} = \sqrt{}Ra\,3.2$$
$$\sqrt{z} = \sqrt{}Ra\,6.3 \qquad \sqrt{}Ra\,12.5\ (\sqrt{})$$

蜗轮	序号	49	比例	1:1
	数量	1	材料	45Cr

蜗杆类型		ZA
轴向模数	m	3
头 数	Z_1	1
齿形角	α	20°
螺旋方向		右
导程角	γ	4° 45′ 36″
精度等级		9C GB/T 10089—1988
配偶	件号	49
蜗轮	齿数 Z_2	30

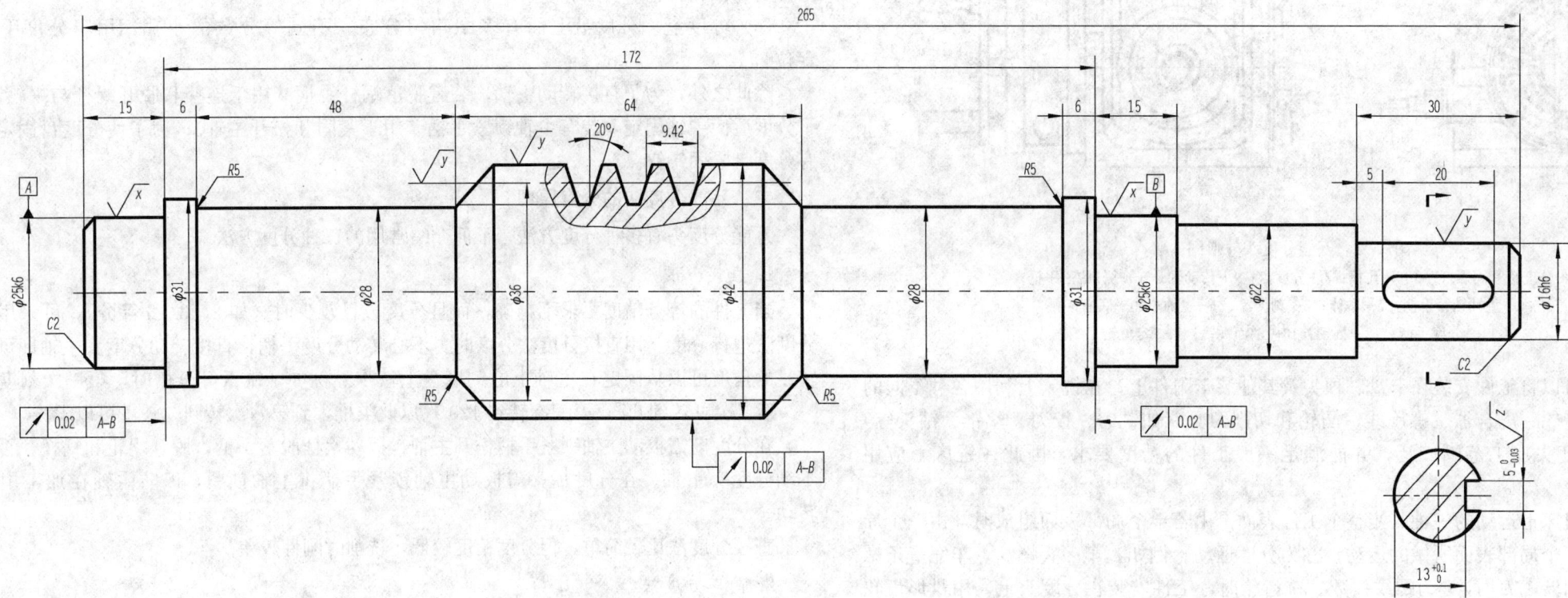

技术要求

1.调质处理HB220~250。

2.未注圆角R2。

$$\sqrt{x} = \sqrt{Ra\,0.8} \qquad \sqrt{y} = \sqrt{Ra\,1.6}$$

$$\sqrt{z} = \sqrt{Ra\,3.2} \qquad \sqrt{Ra\,6.3} \quad (\sqrt{\ })$$

蜗杆轴	序号	50	比例	1:1
	数量	1	材料	45Cr

装配体三　FW100 万能分度头

一、万能分度头概述

在铣床上用各种铣刀进行切削加工称为铣削。铣削是一种加工范围较广，生产效率较高，而且较为经济的切削加工方法之一，在现代机械制造业中应用非常普遍。为了扩大铣床的工作范围，在铣床上配备了多种铣床附件，它们是必不可少的重要工艺装备。万能分度头是铣床的重要附件，主要用于圆周分度，也广泛应用于其他机床的分度加工，图 3-1 所示为万能分度头的外形图。

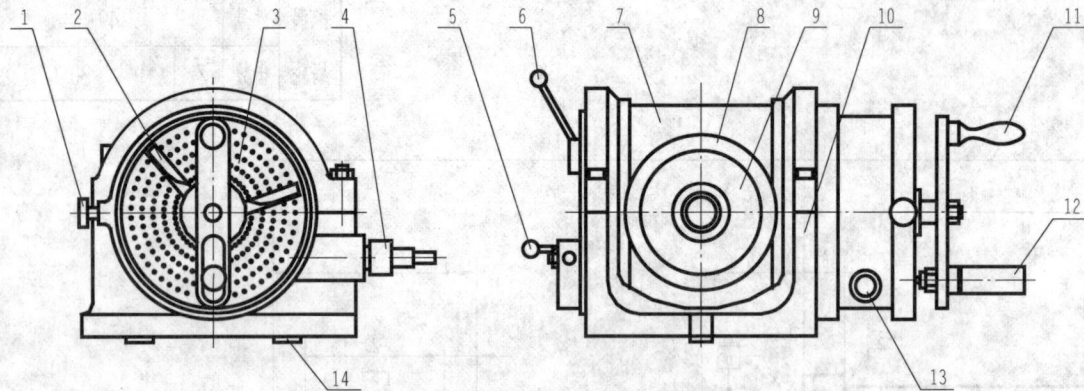

图 3-1　万能分度头外形图

1—分度盘紧固螺钉；2—计孔板；3—分度盘；4—传动轴；5—蜗杆脱落手柄；
6—主轴锁紧手柄；7—本体；8—刻度盘；9—主轴；10—底座；
11—分度手柄；12—插销；13—油面视镜；14—定位键

万能分度头可以将工件安装在卡盘、顶尖及其他装卡附件上，在铣床上利用各种不同的铣刀进行沟槽、齿轮、离合器、螺旋线、凸轮和切削刀具（如铣刀、铰刀、丝锥、钻头等）的铣削加工。分度头加工范围广泛，并能满足一般工件的精度要求，因此在铣床上应用普遍。

分度运动是机床上运动的一种。当整个工件表面是由若干个局部表面组成时，由一个局部表面过渡到另一个局部表面所做的运动，称为分度运动。例如，车多头螺纹，车完一条螺纹表面后，工件回转 $1/k$ 周，k 为螺纹头数。铣齿轮时，工件安装在分度头上，用盘形齿轮铣刀（$m < 10 \sim 16$）或指形齿轮铣刀（一般 $m > 10$），对齿轮的齿间进行铣削。加工完一个齿间后，进行分度，再铣下一个齿间。

FW100 万能分度头的型号表示如下：

F——类代号，分度头类；

W——型代号，万能型；

100——主参数，中心高 100mm。

分度头在使用时置于铣床工作台上，将两个定位键放在工作台的 T 形槽内，保证分度头主轴轴线与 T 形槽平行，然后在底座两边 U 形槽处用 T 形螺栓固定。用以保证分度头安装时，使其主轴轴线平行于工作台纵向进给方向。

万能分度头由以下几个主要部分组成：

（1）底座。其他零件均装在底座上面。

（2）本体。本体可沿底座的水平轴线回转，上面装有与回转轴线垂直的主轴。扳动本体可使主轴与工作台台面倾斜。主轴除了与工作台台面呈水平位置外，还能扳至上、下倾斜位置，向上最大倾斜 90°，向下最大倾斜 6°。

（3）主轴。主轴为一空心轴，两端均为锥度孔，前端锥孔供装顶尖，后端锥孔供装心轴，以便安装挂轮，用于差动分度。

（4）传动轴。传动轴用于安装挂轮。

（5）刻度盘。刻度盘套装在主轴前端与主轴一起旋转，盘上标有 0°~360° 刻度，用来直接分度，读出主轴的转角。

（6）分度盘。分度盘上面有多圈均匀分布、不同等分数的小孔，用于分度手柄的定位。

除此之外，为了直接转动主轴，装有脱落蜗杆手柄（用于连接和脱开蜗杆与蜗轮）；为了分度后使主轴固定，装有主轴锁紧手柄（用于紧固和松开主轴）；为了使分度盘固定，装有分度盘紧固螺钉。

二、万能分度头的分度原理

万能分度头有多种分度方法，下面介绍常用的三种分度方法。

1. 直接分度法

当工件的等分精度要求不精确，而且分度数目较少时（如 2、3、6 等分），可采用直接分度法进行分度。用直接分度法分度时，不必转动分度手柄，直接转动分度头主轴即可，所转过的角度可以从固定在主轴上的刻度盘上读出。例如，铣六等分槽时，第一次刻度对在 0°，第二次可转到 60°，第三次转到 120°，以此类推，到第六次转到 300° 就可以了。

在分度前需扳动主轴锁紧手柄松开主轴，扳动蜗杆脱落手柄，脱开蜗轮和蜗杆，否则转不动分度头主轴。在分度后，需扳动主轴锁紧手柄将主轴锁紧，以防主轴在加工中发生转动。

直接分度法比较简单，但分度精度较低，铣削时刚性较差。

2. 简单分度法

简单分度法是最常用的分度方法。它是用分度盘紧固螺钉将分度盘固定，拔出插销，转动分度手柄，带动分度传动轴，通过一对直齿圆柱齿轮及蜗轮、蜗杆使主轴旋转带动工件分度。

万能分度头传动系统如图 3-2 所示。

由图 3-2 可以看出，分度头内部两组齿轮的传动比均为 1，蜗杆是单头的，蜗轮的齿数为 40。当分度手柄每转动一转，主轴就只转 1/40 转，或者分度手柄转 40 转，主轴转 1 转。因此，蜗轮的齿数直接反映分度手柄与分度头主轴间的传动速比，习惯上把分度头蜗轮的齿数称为分度头的传动定数，国产分度头的定数为 40。如果工件的分度数 Z 已知，则每次分度一次，工件应转 $1/Z$ 转，这时分度手柄应转过 n 转。其传动关系为

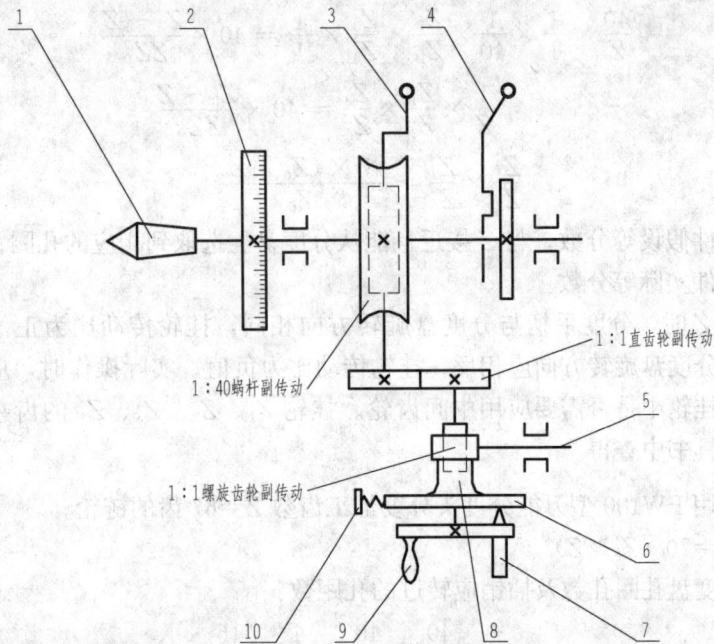

图 3-2　万能分度头传动系统

1—主轴；2—刻度盘；3—蜗杆脱落手柄；4—主轴锁紧手柄；5—传动轴；
6—分度盘；7—插销；8—套筒；9—分度手柄；10—分度盘紧固螺钉

$$n \times \frac{1}{1} \times \frac{1}{40} = \frac{1}{Z}$$

即

$$n = \frac{40}{Z} \qquad (3-1)$$

式中　n——分度手柄应转的转数；

Z——工件的等分数；

40——分度头的传动定数。

【例 3-1】　现需铣 4 等分槽，可按式（3-1）计算，得

$$n = \frac{40}{Z} = \frac{40}{4} = 10\,(\text{转})$$

即每铣完一个槽分度手柄应转 10 整转。

【例 3-2】　要铣 35 个齿的齿轮，按式（3-1）计算，得

$$n = \frac{40}{Z} = \frac{40}{35} = \frac{8}{7} = 1\frac{1}{7}\,(\text{转})$$

即每铣完一齿后手柄应转一整圈外还需要转 1/7 转，这 1/7 转就需要选用分度盘上的小孔来完成。将分数的分子分母同时增大一个倍数，使分母与分度盘上的某一孔圈的孔数相同，那么分子与这个倍数的积就是分度手柄在这一孔圈上转过的孔距数。

即

$$1\frac{1}{7} = 1 + \frac{1 \times 7}{7 \times 7} = 1\,(\text{转}) + \frac{7}{49}\,(\text{孔})$$

具体操作：采用 49 孔的孔圈，先把手柄转过一转后，再在 49 孔圈上转过 7 个孔距。由〔例 3-2〕可知，当分度手柄转数带分数时，可使分子分母同时缩小或扩大一个整数倍，使最后得到的分母值为分度盘上所具有的孔圈数，其分子即为在此孔圈上摇过的孔距数。

在分度前先做：①扳动主轴锁紧手柄松开主轴；②扳动蜗杆脱落手柄，使蜗轮、蜗杆啮合；③拧紧分度盘紧固螺钉紧固分度盘，避免分度盘转动，出现分度误差。分度后锁紧主轴。分度时应注意：分度手柄顺时针或逆时针方向旋转均可，但在加工过程中绝对不能一时顺转，一时逆转；若不慎将手柄转过了头，应反转半圈后再转到所需位置，以消除间隙，避免分度误差。

为了避免每铣一个槽就要数一次孔数的麻烦，并减少分度时因记数而产生的差错，在分度盘上设有一对上、下计孔板，如图 3-3 所示。

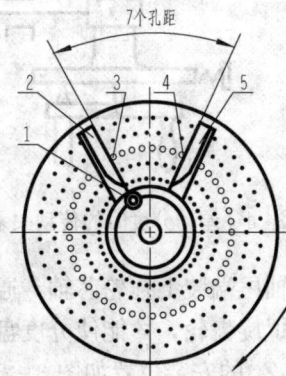

图 3-3　计孔板

1—螺钉；2、5—计孔板；3—起始孔；4—结束孔

两计孔板之间的夹角，可以松开螺钉 1 进行调整，但调整时要使两个计孔板间的孔数比需要转的孔数多一个孔，因为第一个孔是作为零来计算的。如图 3-3 所示，在〔例 3-2〕中，每铣完一个齿，手柄转一圈后再转 7 个孔距，则两计孔板间的孔数是 8 个孔。计孔板因受到前方盆簧的压力，可以紧贴在分度盘上而不能自由活动。〔例 3-2〕中如按箭头方向分度，在转动手柄前，手柄的插销插在紧靠计孔板 2 的孔 3 中，当拔出插销，旋转分度手柄一转后，继续向前转使插销紧靠计孔板 5 一侧的孔 4 内，然后转动两计孔板，将计孔板 2 的一侧转到紧靠插销即可，为下一次分度做准备。

实际工作中，采用简单分度法分度时，分度手柄转过的转数及转过的孔距数可以在有关工具书中查得。

3. 差动分度法

简单分度法的分度范围有一定局限性，当遇到分度数为 79、131 等质数时，用 40 除不尽，也没有这些孔的分度盘。这时就要用差动分度法分度，在主轴和分度盘之间需用挂轮连接。

差动分度法是通过分度手柄和分度盘的同时转动实现的。差动分度时的传动关系如图 3-4 所示。螺旋齿轮和分度盘装在轴套上，并以间隙配合套在分度传动轴上。在转动分度手柄时，分度盘是不转动的。因此，采用差动分度首先要松开分度盘紧固螺钉（使分度盘能转动），拔出插销，转动分度手柄，使分度传动轴转动，通过两直齿圆柱齿轮使蜗杆转动，并

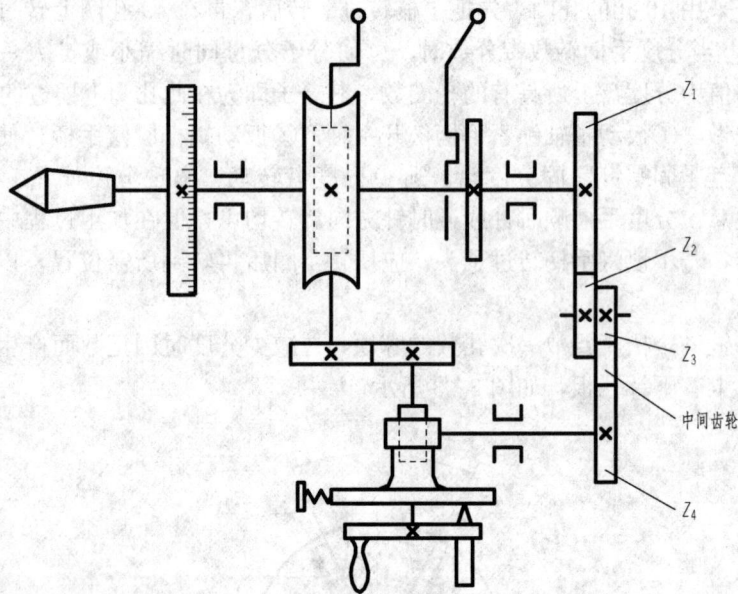

图 3-4 差动分度时的传动关系

带动蜗轮使主轴转动。同时，在主轴尾端装上挂轮芯轴，通过挂轮系带动传动轴转动，使传动轴前端的螺旋齿轮带动轴套上的螺旋齿轮，才能使分度盘转动。

差动分度时挂轮 Z_1、Z_2、Z_3、Z_4 的安装位置如图 3-5 所示。

在差动分度时，手柄实际转数是手柄相对于分度盘的转数与分度盘本身的转数之和。下面举例说明差动分度法的工作原理。手柄与分度盘转数关系如图 3-6 所示。设工件分度数为 Z，且 $Z>40$，则分度主轴每次应转动 $1/Z$ 转，此时手柄应转过 $40/Z$ 转，定位插销应由 A 点移至 B 点，但因分度盘在 B 点没有相应的孔，因此不能用简单分度法实现分度。为了借用分度盘上的孔圈，可选取 Z_0 来计算手柄转数，则手柄转数为 $40/Z_0$。此时与要求分度的差值为 $\left(\dfrac{40}{Z}-\dfrac{40}{Z_0}\right)$ 转。要使孔与 $40/Z$ 转的插销正好对准，则分度盘得转过 $\dfrac{40}{Z}-\dfrac{40}{Z_0}=40\times\dfrac{Z_0-Z}{ZZ_0}$ 转。其传动关系为

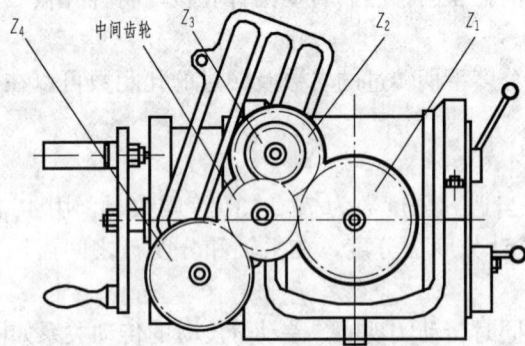

图 3-5 差动分度时挂轮的安装位置

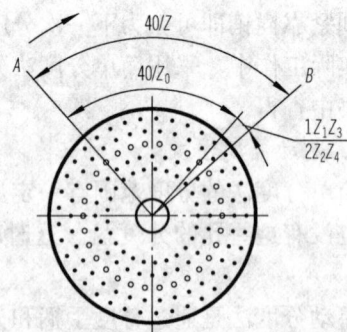

图 3-6 手柄与分度盘转数关系

$$\frac{40}{Z}\times\frac{1}{1}\times\frac{1}{40}\times\frac{Z_1}{Z_2}\times\frac{Z_3}{Z_4}\times\frac{1}{1}=40\times\frac{Z_0-Z}{ZZ_0}$$

化简，得

$$\frac{1}{Z}\times\frac{Z_1}{Z_2}\times\frac{Z_3}{Z_4}=40\times\frac{Z_0-Z}{ZZ_0}$$

即

$$\frac{Z_1}{Z_2}\times\frac{Z_3}{Z_4}=\frac{40\times(Z_0-Z)}{Z_0}$$

式中　Z_0——工件假设等分数，与 Z 接近且能从分度盘上选取到相应的孔圈；

Z——工件实际等分数。

若选取 $Z_0>Z$ 时，分度手柄与分度盘旋转方向相同，挂轮传动比为正值；选取 $Z_0<Z$ 时，分度手柄与分度盘旋转方向应相反，挂轮传动比为负值。实际操作时，应根据转向的相同或相反确定在挂轮中是否需要应用中间齿轮。挂轮 Z_1、Z_2、Z_3、Z_4 的齿数及挂轮系安装形式可在有关工具书中查得。

【例 3-3】　用 FW100 型万能分度头分度加工齿数 $Z=67$ 齿的链轮。

解 1：取 $Z_0=70$（$Z_0>Z$）

(1) 计算分度盘孔圈孔数及插销应转过的孔距数：

$$n_k=\frac{40}{Z_0}=\frac{40}{70}=\frac{4}{7}=\frac{16}{28}$$

(2) 计算配换齿轮齿数：

$$\frac{Z_1}{Z_2}\times\frac{Z_3}{Z_4}=\frac{40\times(Z_0-Z)}{Z_0}=\frac{40\times(70-67)}{70}=\frac{12}{7}=\frac{60}{20}\times\frac{40}{70}$$

解 2：取 $Z_0=60$（$Z_0<Z$）

(1) 计算分度盘孔圈孔数及插销应转过的孔距数：

$$n_k=\frac{40}{Z_0}=\frac{40}{60}=\frac{2}{3}=\frac{16}{24}$$

(2) 计算配换齿轮齿数：

$$\frac{Z_1}{Z_2}\times\frac{Z_3}{Z_4}=\frac{40\times(Z_0-Z)}{Z_0}=\frac{40\times(60-67)}{60}=-\frac{14}{3}=-\frac{70}{80}\times\frac{30}{40}$$

式中的正负号仅说明分度盘的转向与手柄相同还是相反。在选择假设等分数 Z_0 时，应尽量选 $Z_0<Z$，这样可以使分度手柄与分度盘的转向相反，避免传动系统中的间隙影响分度精度。

在分度前先做：①扳动主轴锁紧手柄松开主轴；②扳动蜗杆脱落手柄，连接蜗轮、蜗杆；③松开分度盘紧固螺钉。在分度后锁紧主轴。

三、FW100 万能分度头的装配关系和结构

FW100 万能分度头的结构复杂，有十几条装配线路。图 3-7 所示为 FW100 万能分度头的装配示意图。其零件明细表见表 3-1。表 3-2 列出了万能分度头各零件上的标准件。

其中，主要的装配干线有以下四条：

(1) 主轴轴系：5、2、3、4、6、7、8、11、12、13。

主轴 5 装在本体 2 的锥孔内，从其大端至小端依次装有刻度盘 3，垫圈 4、6，蜗轮 7，挡圈 8，垫圈 11，圆螺母 12、13。

主轴 5 中空，两端各有一锥孔，锥度为莫氏 3#（锥度 1：19.922）。主轴前端锥孔供装顶尖，后端锥孔供装专用心轴，并利用挂轮系统与传动轴 22 连接进行差动分度。

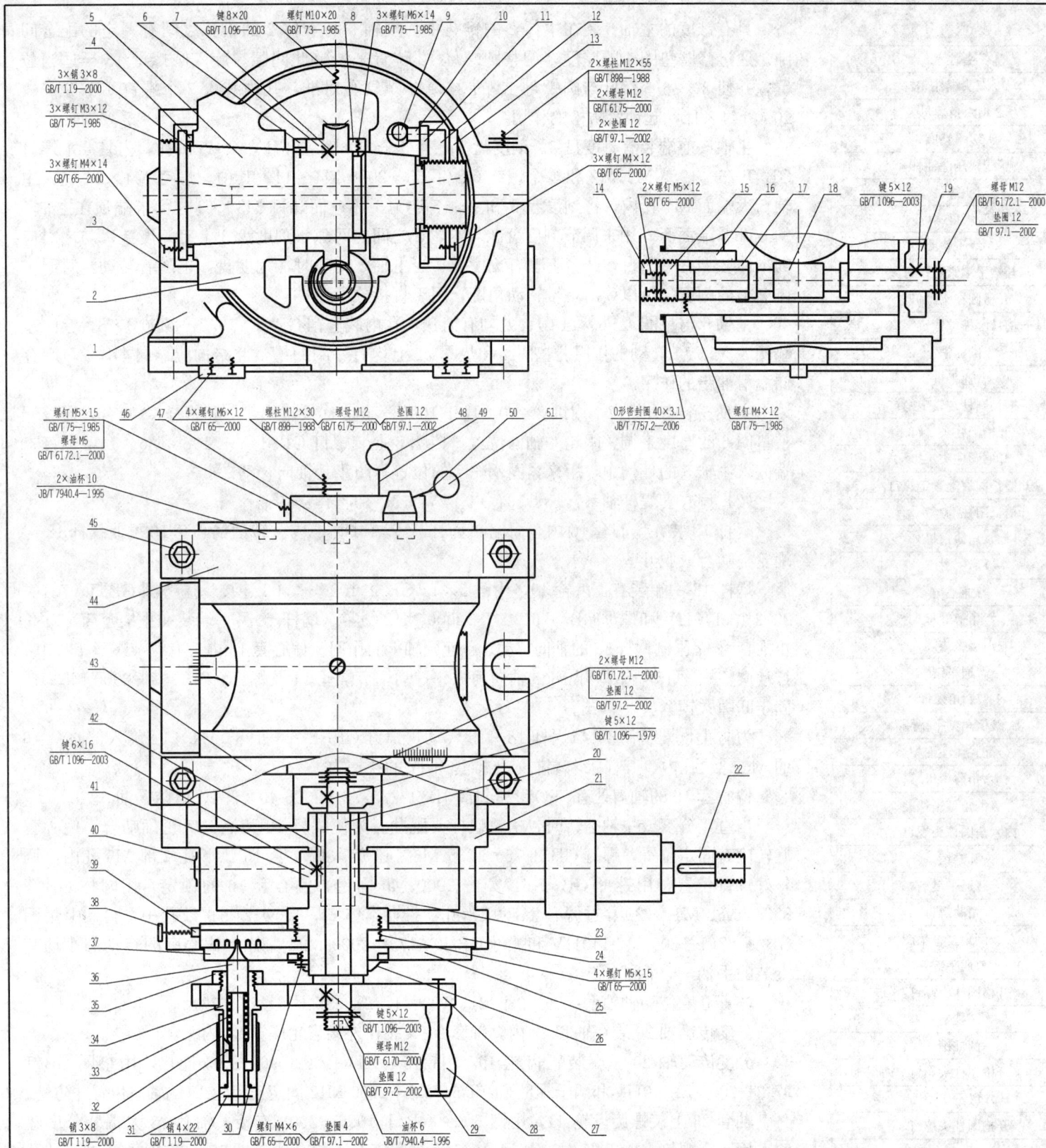

图 3-7 FW100 万能分度头的装配示意图

表 3-1　　　　FW100 万能分度头零件

序号	名　　称	数量	材　料	备　　注	页码
1	底座	1	HT200		34
2	本体	1	HT200		35
3	刻度盘	1	Q235		36
4	垫圈	1	45		36
5	主轴	1	45		37
6	垫圈	1	45		38
7	蜗轮	1	HT200	$m=2,\ z=40$	38
8	挡圈	1	45		39
9	偏心杆	1	45		39
10	垫块	1	35		40
11	垫圈	1	45		40
12	圆螺母	1	45		40
13	圆螺母	1	45		41
14	调节螺丝	1	Q235		41
15	调节螺丝	1	Q235		41
16	偏心套	1	HT150		42
17	止推套筒	1	HT150		43
18	蜗杆	1	45	$m=2,\ z=1$	43
19	正齿轮	2	45	$m=2,\ z=23$	43
20	分度传动轴	1	45		44
21	外接齿轮座罩	1	HT150		45
22	传动轴	1	45		46
23	轴套	1	45		47
24	分度盘	1	45		48
25	计孔板（上）	1	Q235		47
26	盆簧	1	弹簧钢皮		49
27	手柄杠杆	1	HT150		50
28	手柄	1	胶木		49
29	芯子	1	Q235		44
30	弹簧圈	1	65Mn		44
31	银套	1	Q235		44
32	手柄套	1	胶木		49
33	弹簧	1	65Mn		46
34	套	1	45		51
35	螺母	1	Q235		46
36	插销	1	45		51
37	计孔板（下）	1	Q235		52
38	滚花螺钉	1	45		50
39	垫块	1	黄铜		50
40	油面视镜	1	有机玻璃		51
41	螺旋齿轮	1	45	$m=1.5,\ z=19$	52
42	螺旋齿轮	1	45	$m=1.5,\ z=19$	52
43	压紧环（B）	1	HT200		53
44	压紧环（A）	1	HT200		54
45	内六角螺钉	2	45		51
46	定位键	2	45		53
47	塞头	1	HT200		53
48	手柄球	1	胶木		54
49	手柄	1	35		54
50	手柄杆	1	35		54
51	手柄球	1	胶木		54

表 3-2　　　　　　　　　FW100 万能分度头标准件

零件编号	零件名称	标准件标记	数量	备注
1	底座	螺柱　GB/T 898—1988　M12×55	2	双头螺柱
		螺母　GB/T 6175—2000　M12	2	2 型六角螺母
		垫圈　GB/T 97.1—2002　12-140HV	2	A 级垫圈
2	本体	油杯　10　JB/T 7940.4—1995	2	压配式压注油杯
		螺柱　GB/T 898—1988　M12×30	1	双头螺柱
		螺母　GB/T 6175—2000　M12	1	2 型六角螺母
		垫圈　GB/T 97.1—2002　12-140HV	1	A 级垫圈
		螺钉　GB/T 73—1985　M10×20	1	开槽平端紧定螺钉
3	刻度盘	螺钉　GB/T 65—2000　M4×14	3	开槽圆柱头螺钉
		螺钉　GB/T 75—1985　M3×12	3	开槽长圆柱端紧定螺钉
5	主轴	销　GB/T 119.2—2000　3×8	3	圆柱销
		键　8×20　GB/T 1096—2003		普通平键
8	挡圈	螺钉　GB/T 75—1985　M6×14		开槽长圆柱端紧定螺钉
13	圆螺母	螺钉　GB/T 65—2000　M4×12	3	开槽圆柱头螺钉
14	调节螺丝	螺钉　GB/T 65—2000　M5×12	2	开槽圆柱头螺钉
16	偏心套	螺钉　GB/T 75—1985　M4×12	1	开槽长圆柱端紧定螺钉
		螺钉　GB/T 75—1985　M5×15	1	开槽长圆柱端紧定螺钉
		螺母　GB/T 6172.1—2000　M5	1	六角薄螺母
		O 形密封圈　JB/T 7757.2—2006　40×3.1	1	O 形密封圈
18	蜗杆	键　5×12　GB/T 1096—2003	1	普通平键
		螺母　GB/T 6172.1—2000　M12	1	六角薄螺母
		垫圈　GB/T 97.1—2002　12-140HV	1	A 级平垫圈
20	分度传动轴	键　5×12　GB/T 1096—2003	2	普通平键
		螺母　GB/T 6170—2000　M12	1	1 型六角螺母
		垫圈　GB/T 97.2—2002　12-140HV	1	A 级倒角型平垫圈
		油杯　6　JB/T 7940.4—1995	1	压配式压注油杯
		螺母　GB/T 6172.1—2000　M12	2	六角薄螺母
		垫圈　GB/T 97.2—2002　12-140HV	1	A 级倒角型平垫圈
21	外接齿轮座罩	螺钉　GB/T 70.1—2000　M8×25	4	内六角圆柱头螺钉
		销　GB/T 117—2000　5×35		圆锥销
22	传动轴	键　5×15　GB/T 1096—2003	1	普通平键
		螺母　GB/T 6172.1—2000　M12	2	六角薄螺母
		垫圈　GB/T 97.2—2002　12-140HV	1	A 级倒角型平垫圈
23	轴套	键　6×16　GB/T 1096—2003		普通平键
		螺钉　GB/T 65—2000　M5×15	4	开槽圆柱头螺钉
36	插销	销　GB/T 119.2—2000　3×8	1	圆柱销
		销　GB/T 119.2—2000　4×22	1	圆柱销
37	计孔板（下）	螺钉　GB/T 65—2000　M4×6	1	开槽圆柱头螺钉
		垫圈　GB/T 97.1—2002　4-140HV	1	A 级垫圈
46	定位键	螺钉　GB/T 65—2000　M6×12	4	开槽圆柱头螺钉

具有锥度的主轴 5 装在本体 2 的锥孔中。主轴 5 与本体 2 的锥孔之间有一定的配合间隙。通过修磨垫圈 4 的厚度，调整圆螺母 12 位置来调整此间隙。旋入圆螺母 13 至适当位置，并使 3×φ6.5 沉孔与圆螺母 12 的 3×M4 螺纹孔对准，孔内装入 3 个螺钉 GB/T 65—2000 M4×12，起锁紧防松的作用。

主轴 5 前端装有刻度盘 3。刻度盘 3 上有 3 个 M3 螺纹孔和 3 个 φ5 沉孔，内装 3 个螺钉 GB/T 75—1985 M3×12 和 3 个螺钉 GB/T 65—2000 M4×14。其中，螺钉 M4×14 旋入主轴 5 大端面 M4 孔内，将刻度盘 3 和主轴 5 连为一体；而螺钉 M3×12 柱面末端顶在主轴 5 的 φ87.5 端面上，用来调节刻度盘 3 与本体 2 之间的间隙。刻度盘 3 上有刻度数，与之对应的本体 2 上有一凸台，凸台上也有刻度线。当主轴 5 转动时，刻度盘 3 也随着转动，对照本体 2 上的刻度，可以读出主轴转动角度，用于直接分度。

主轴 5 与垫圈 4、6、11 配合处均有销孔，孔内装有销 GB/T 119.2—2000 3×8，起防止垫圈 4、6、11 转动的作用。垫圈 4 和垫圈 11 上均有一圈凹槽，此结构应靠向本体 2，起存储润滑油脂的作用。

主轴 5 装有蜗轮 7，用键 8×20 GB/T 1096—2003 连接。蜗轮 7 和蜗杆 18 啮合，通过调整垫圈 6 的厚度来调整蜗轮的轴向位置，挡圈 8 上装螺钉 GB/T 75—1985 M6×14，螺钉末端嵌入主轴 5 的环槽中，用来紧固蜗轮 7 的位置，防止其轴向移动。

（2）偏心套蜗杆轴系：18、16、14、15、17、19、48、49。

蜗杆 18 装在偏心套 16 内，而偏心套 16 又装在本体 2 内。转动偏心套 16 可使蜗杆 18 与蜗轮 7 啮合或脱开。

蜗杆 18 一端装有正齿轮 19，用键 5×12 GB/T 1096—2003 连接，用垫圈 GB/T 97.1—2002 12-140HV 和螺母 GB/T 6172.1—2000 M12 锁紧。蜗杆 18 另一端装在止推套筒 17 内。止推套筒 17 限制蜗杆 18 的轴向窜动，也起到轴承的作用。偏心套 16 内装有调节螺丝 14、15，拧动调整螺丝 15 调节蜗杆 18 的轴向间隙。拧动调节螺丝 14 及螺钉 GB/T 65—2000 M5×12 固定间隙并锁紧。

为防止止推套筒 17 与蜗杆 18 一起转动，螺钉 GB/T 75—1985 M4×12 旋入偏心套 16 的 M4 螺纹孔内，其柱状末端嵌入止推套筒 17 的狭槽内。

偏心套 16 的轴肩处有一 O 形密封圈 JB/T 7757.2—2006 40×3.1，以防漏油。

当直接分度或主轴空转时，蜗轮蜗杆要脱开。为使蜗杆 18 和蜗轮 7 正确啮合，偏心套旋转应有固定位置，螺钉 GB/T 75—1985 M5×15 旋入偏心套 16 弧形孔端部 M5 孔内，调整好螺钉位置，用螺母 GB/T 6172.1—2000 M5 固定。偏心套 16 的锁定，用螺柱 GB/T 898—1988 M12×30 穿过偏心套 16 弧形孔，拧在本体 2 后端 M12 的螺纹孔中，再装上垫圈 GB/T 97.1—2002 12-140HV 和螺母 GB/T 6175—2000 M12 紧固。偏心套的转动靠拨动其上装的手柄 49 和手柄球 48。

（3）分度传动轴轴系：20、23、21、19、41、24、37、25、26、27。

分度传动轴 20 装在轴套 23 内，轴套 23 又装在外接齿轮座罩 21 内。

分度传动轴 20 一端装正齿轮 19，用键 5×12 GB/T 1096—2003 连接，用垫圈 GB/T 97.2—2002 12-140HV 和两个螺母 GB/T 6172.1—2000 M12 固定正齿轮 19 的轴向位置并防松。

轴套 23 上装螺旋齿轮 41，用键 6×16 GB/T 1096—2003 连接。轴套 23 大端装分度盘 24，用 4 个螺钉 GB/T 65—2000 M5×15 连接，依次还装有计孔板 25、37 及盆簧 26。计孔板 37 上螺纹孔装螺钉 GB/T 65—2000 M4×6 和垫圈 GB/T 97.1—2002 4-140HV，压紧计孔板 25、37。盆簧 26 嵌入轴套 23 大端的环槽内，盆簧上的 ϕ5 小孔用以拆卸，并无螺钉装入。

分度传动轴 20 一端装有手柄杠杆 27，靠键 5×12 GB/T 1096—2003 连接，用垫圈 GB/T 97.2—2002 12-140HV 和螺母 GB/T 6170—2000 M12 锁紧。手柄杠杆 27 两端分别安装插销轴系和分度手柄装配线。

分度传动轴 20 孔内还装有一油杯 6 JB/T 7940.4—1995，用来加油。油通过分度传动轴 20 中的孔流入分度传动轴 20 和轴套 23 之间，因为两者之间有相对运动。

(4) 传动轴轴系：22、21、42。

传动轴 22 装在外接齿轮座罩 21 内，螺纹 M12 端装螺旋齿轮 42，用键 5×15 GB/T 1096—2003 连接，用垫圈 GB/T 97.2—2002 12-140HV 和两个螺母 GB/T 6172.1—2000 M12（扁）轴向固定齿轮并锁紧。螺旋齿轮 42 和螺旋齿轮 41 啮合。

其他装配路线有以下几条：

(1) 主轴锁紧装配线：9、2、10、50、51。

偏心杆 9 装在本体 2 内，偏心处装有垫块 10，偏心杆另一端装有主轴锁紧手柄杆 50 和手柄球 51。

当需要锁紧主轴时，可扳动主轴锁紧手柄（手柄球 51 和手柄杆 50），转动偏心杆 9 推动垫块 10 抵住垫圈 11 端面，靠摩擦力锁紧主轴 5。

当主轴要转动，则需松开主轴，其余均应锁紧主轴。

(2) 插销轴系：36、33、34、35、27、32、31、30。

插销 36 和弹簧 33 装在套 34 内，插销 36 靠弹簧 33 嵌入分度盘 24 的小孔。

套 34 用螺母 35 连接固定在手柄杠杆 27 的长槽内。套 34 的外面套上手柄套 32，镍套 31 用销 GB/T 119—2000 4×22 与插销 36 连接在一起而不脱落，与手柄套 32 配合处装有弹簧圈 30。

插销 36 的销孔 ϕ3H8 深 4 中装有销 GB/T 119.2—2000 3×8，销嵌在套 34 上宽度为 4mm 的狭槽内。该销的作用是：在转动手柄应将插销 36 从小孔中拔出并转动，使销伸出端被套 34 挡住，避免插销在弹簧 33 的弹力作用下弹回小孔中。当转动手柄到正确位置后，再转动插销 36，使销伸出端回到套 34 的槽中，将插销 36 插入分度盘 24 的小孔。

(3) 分度手柄装配线：29、28、27。

芯子 29 铆接在手柄 28（材料为胶木）、手柄杠杆 27 上。芯子 29 铆接后，杆充满手柄孔，并形成平头状的铆钉头，如图 3-8 所示。

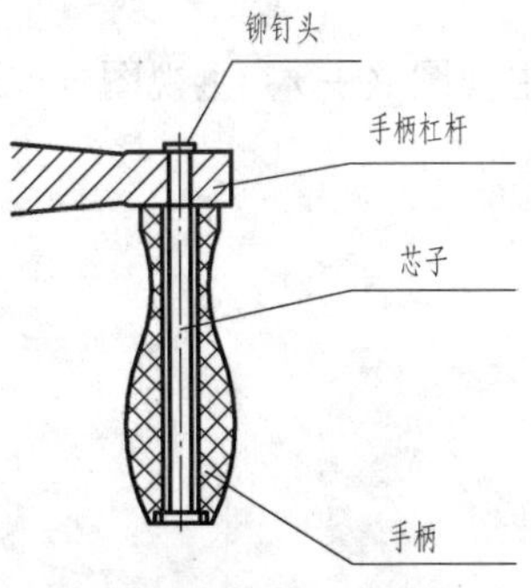

图 3-8　铆接后的芯子

(4) 分度盘紧固螺钉：38、39、21。

滚花螺钉（分度盘紧固螺钉）38 顶着垫块 39，装在外接齿轮罩 21 的 M10 螺纹孔内，用来紧固分度盘 24。

(5) 本体、底座、外接齿轮座罩：2、1、43、44、45、21。

本体 2 置于底座 1 内，上方放置压紧环 43、44，一边靠两个内六角螺钉 45，另一边用两组螺柱 GB/T 898—1988 M12×55、垫圈 GB/T 97.1—2002 12-140HV 和螺母 GB/T 6175—2000 M12 紧固。本体 2 一端部分插入外接齿轮座罩 21。外接齿轮座罩 21 用 1 个销 GB/T 117—2000 5×35 定位、4 个螺钉 GB/T 70.1—2000 M8×25 与底座 1 连接。

如需调节主轴倾角，则应首先松开压紧环 43、44，转动本体 2，通过本体 2 一侧的刻度及压紧环的游标读出主轴倾角。调整好后，最后拧紧内六角螺钉 45 和螺柱上的螺母。

(6) 定位键：46、1。

见图 3-7 主视图下部，两个定位键 46 用 4 个螺钉 GB/T 65—2000 M6×12 固定在底座 1 上。定位键 46 将放在铣床工作台的 T 形槽内，保证分度头主轴轴线与 T 形槽平行。铣床上有 3 个 T 形槽。然后在底座 1 两边 U 形槽处用 T 形螺栓固定。

(7) 油孔螺钉。

见图 3-7 主视图中本体 2 中间上方，装有螺钉 GB/T 73—1985 M10×20，用来注油。

(8) 油杯。

2 个油杯 10 JB/T 7940.4—1995 放入本体 2 的 *B* 向视图 2×ϕ10 H9 孔内。

(9) 油面视镜：40、21。

油面视镜 40（有机玻璃）旋入外接齿轮座罩 21 的 M27×1.5 的螺纹孔内，用来观察分度头内的油位。

(10) 塞头：47、2。

塞头 47 装在本体 2 的 ϕ20H7 工艺孔内。塞头 47 的材料同本体 2，采用过盈配合。

四、绘制 FW100 万能分度头装配图的提示

1. 装配图的表达方案

装配图的主要作用是为表达机器（部件）的工作原理、性能要求、零件间的装配关系和零件的主要结构。因此，需采用适当的表达方案将万能分度头的内、外部结构表达清楚。该部件层次较多，装配干线之间又互相重叠，需适当选用局部视图、局部剖视或虚线。现推荐三套表达方案，请读者讨论、比较、优化。表达方案中各视图的投射方向同图 3-7。

(1) 表达方案一。

需要四个基本视图，分别为主视图、俯视图、左视图、后视图。

1) 主视图。

主视图采用局部剖视图，图中局部剖有两处，剖切面均为正平面。图 3-9 所示为主视图中表达的装配关系和外形。

第一处局部剖的剖切面经过油面视镜的轴线和传动轴的轴线，表达油面视镜和传动轴轴系两条装配线上各零件间的装配关系。

第二处局部剖表示底座 1 上装有两个定位键 46。

主视图的上半部分要表达万能分度头的外形，可以表达出手柄杠杆、盆簧、上下计孔板、分度盘、压紧环等零件的外形结构。计孔板的位置任定。

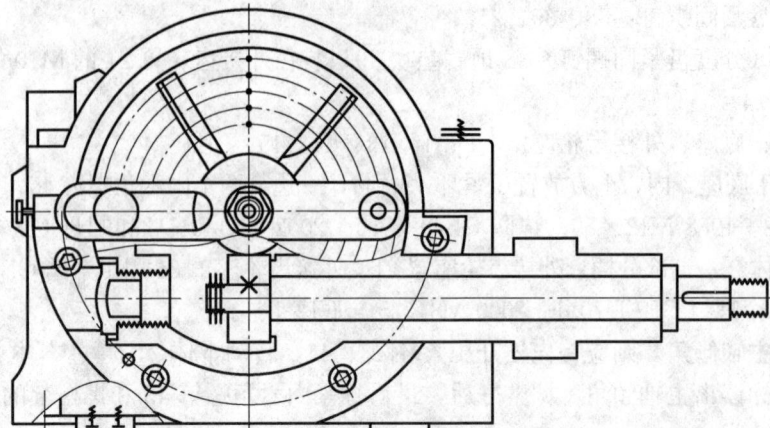

图 3-9　主视图表达的装配关系和外形

2）俯视图。

俯视图为全剖视图，剖切面为两个平行的剖切面（水平面），分别通过主轴轴线和分度传动轴轴线，致力于表达主轴轴系及分度传动轴轴系上各零件间的装配关系。图 3-10 所示为俯视图中表达的装配关系。根据零件结构及其装配关系可知，主轴轴线与本体轴线垂直交叉，两者高度相差 5mm，而分度传动轴轴线与本体轴线为同一直线。因此，主轴轴线与分度传动轴轴线不同高。所以，俯视图采用两个平行的剖切面。

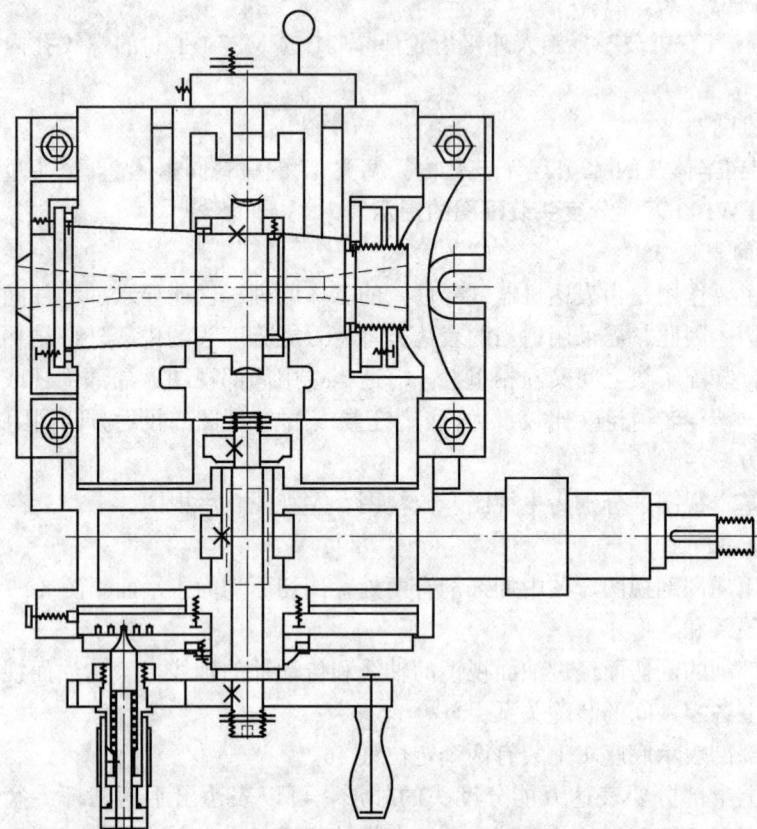

图 3-10　俯视图表达的装配关系

3）左视图。

左视图采用局部剖，剖切平面为侧平面。致力于表达偏心套蜗杆轴系的装配关系、一对啮合的正齿轮及万能分度头外形（如油面视镜与滚花螺钉的外形和位置）。参见图 3-1 和图 3-7。

由于插销轴系及手柄杠杆在俯视图中已充分表达，在此图中可采用拆卸画法，不画这部分结构。

4）后视图。

后视图致力于表达万能分度头的后视外形。压紧环 44 与底座 1 的螺钉连接和螺柱连接在此图中局部剖开表达。偏心套的位置按啮合位置画出。

5）其他视图。

蜗轮蜗杆啮合、脱开断面图，应分别画出。

主轴锁紧装配线局部剖视图。投射方向为俯视方向，剖切面为通过偏心杆 9 的轴线水平面。

局部视图表达压紧环 43 的游标与本体上方的刻度。

（2）表达方案二。

需要五个基本视图，分别为主视图（一）、主视图（二）、俯视图、左视图、后视图。

1）主视图（一）。

主视图（一）致力于表达主轴轴系，用通过主轴轴线的正平面剖切。图中应画蜗轮蜗杆啮合状态。此图还表达了定位键与底座的装配关系。见图 3-7 中的主视图。

2）主视图（二）。

同表达方案一的主视图。

3）俯视图。

俯视图采用局部剖视图，致力于表达外接齿轮座罩部分各零件的装配关系和本体、底座部分的俯视外形，剖切面为通过分度传动轴轴线的水平面。主轴锁紧装配线也在此图中表达。此图还能表达压紧环 26 的游标与本体上方的刻度。见图 3-7 中的俯视图。

4）左视图。

同表达方案一。

5）后视图。

同表达方案一。

6）其他视图。

蜗轮蜗杆脱开断面图。

（3）表达方案三。

需要五个基本视图，分别为主视图（一）、主视图（二）、俯视图、左视图、后视图。

1）主视图（一）。

同表达方案二。

2）主视图（二）。

同表达方案二。

3）俯视图。

俯视为万能分度头的外形图。

4）左视图。

左视图采用全剖视图，剖切面为侧平面，通过分度传动轴轴线及蜗杆轴线，致力于表达万能分度头传动过程中各装配线路。

5）后视图。

同表达方案一。

6）其他视图。

蜗轮蜗杆啮合脱开断面图，分别画出。

主轴锁紧装配线局部剖视图。

局部视图表达油面视镜的外形和位置。

2. 部分装配线路的定位提示

零部件在装配体中的位置是确定，且有相应结构加以保证，因此在画装配图时，应将其画在正确的位置。

（1）主轴轴系。

刻度盘右端与本体接触。垫圈 4 左端面与主轴接触，右端面与本体接触，且其环槽结构朝向本体。从而主轴与本体的轴向相对位置确定。蜗轮轮齿弧线中心应与本体轴线位于同一侧平面，蜗轮两端分别与垫圈 6 及挡圈 8 接触，垫圈 6 左端面与主轴接触。垫圈 11 左端面与本体按接触处理，其环槽结构朝向本体，右端面与圆螺母 12 接触。圆螺母 12、13 之间留有适当间隙。

（2）偏心套蜗杆轴系。

偏心套装入本体孔内，其轴肩与本体后方端面接触，从而确定偏心套与本体的轴向相对位置。蜗杆装入偏心套孔内，其轴肩与偏心套的端面接触，确定了蜗杆与偏心套的轴向相对位置。

（3）分度传动轴轴系。

螺旋齿轮 41 的两侧端面分别与轴套和外接齿轮座罩接触。分度传动轴轴系与外接齿轮座罩的轴向相对位置确定。

（4）插销装配线。

插销应插入分度盘任一小孔内。

3. 绘装配图的注意事项

（1）装配图中各个视图应按投影关系正确表达。

（2）在装配图中，注意不同零件应用剖面线的方向和间隔加以区别。

（3）画装配图时，各零件必须按零件图所给出的形状尺寸和说明画出，标准件应查表按规定画法画出，不能随意绘制。

（4）万能分度头中的调整部分和锁紧机构部分都要按有关零件接触方式（不留间隙）处理。只有螺纹锁紧机构留有适当间隙，否则锁不紧。

（5）装配图上的序号不受装配示意图的限制，应根据所绘图样按顺序编写。相同零件只编一个号。注意图上的编号与明细表内的序号、名称相对应。

4. 装配图的尺寸标注

在装配图上应标出必要的尺寸，主要包括以下几种尺寸：

（1）性能尺寸：表示部件的性能和规格的尺寸。

（2）装配尺寸：表示零件之间装配关系的尺寸，如配合尺寸和重要的相对位置尺寸。

（3）安装尺寸：将部件安装到机座上所需的尺寸。

（4）外形尺寸：部件在长、宽、高三个方向上的最大尺寸。

有时还要标出其他重要尺寸。

5. 装配图的技术要求

万能分度头的技术要求不作要求。

6. 画装配图的步骤

（1）定表达方案、定比例、定图幅、画出图框。按选择的表达方案，并考虑图形尺寸、比例、明细表、技术要求等因素，选定图纸幅面，画出图框，预留标题栏和明细表的位置。

（2）合理布图，画出各视图的基准线。画各视图的基准线，即轴线、对称中心线及其他作图线。

（3）画各视图的底稿。依次画出装配线上的各个零件，按先画装配线上起定位作用的零件和由里到外的顺序画出各个零件。

（4）标注尺寸。

（5）编写零件序号，填写明细表、标题栏和技术要求。

（6）检查加深，完成装配图。

五、思考题

（1）采用直接分度法使主轴旋转 9°需要做哪些操作？

（2）简述简单分度法的运动传递路线。当分度数为 40 时，手柄杠杆需旋转几圈？

（3）主轴是怎样锁紧的？

（4）刻度盘如何同主轴连接在一起？如何调整刻度盘与本体之间的相对位置？

（5）压紧环 43 与本体 2 接触处均有刻度，此结构的作用是什么？

（6）压紧环上装有内六角螺钉和螺柱，是否可以将内六角螺钉也改为螺柱？为什么？

（7）蜗轮与蜗杆脱开或啮合是如何实现的？

（8）蜗轮的轴向位置如何调整？

（9）滚花螺钉的作用是什么？

（10）你认为你的表达方案有何优点？有何缺点？

六、零件图

各零件的零件图如下。

附：本体 2 的技术要求

1. 前后两锥孔对 100±0.02 两侧面的对称度为 0.05。

2. 前后两锥孔的同心度误差不大于 0.005。

3. ϕ40H8 孔中心线对两锥孔的中心线垂直度为 0.03/100。

4. 两端圆柱 ϕ150j7 的同心度为 0.01。

5. 两端 ϕ150j7 圆柱中心线对两锥孔中心线的垂直度为 0.02/100。

6. 分度刻线相邻间距误差不大于 1′30″，累计误差不大于 3′。

7. ϕ80 沉孔内端面及 ϕ86 平面对两锥孔中心线的垂直度为 0.01/100。

8. 铸件需时效处理。

9. 未注铸造圆角为 $R3\sim R5$。

10. 图中符号 m：左旋螺旋油槽，螺距 30，宽 2，深 0.5；符号 n：圆周均匀分布 26 个鳞状油注，长 8，宽 2，深 0.2，两圈间距 3，注形错开；符号 k：锥孔 1：10，与主轴配刮。

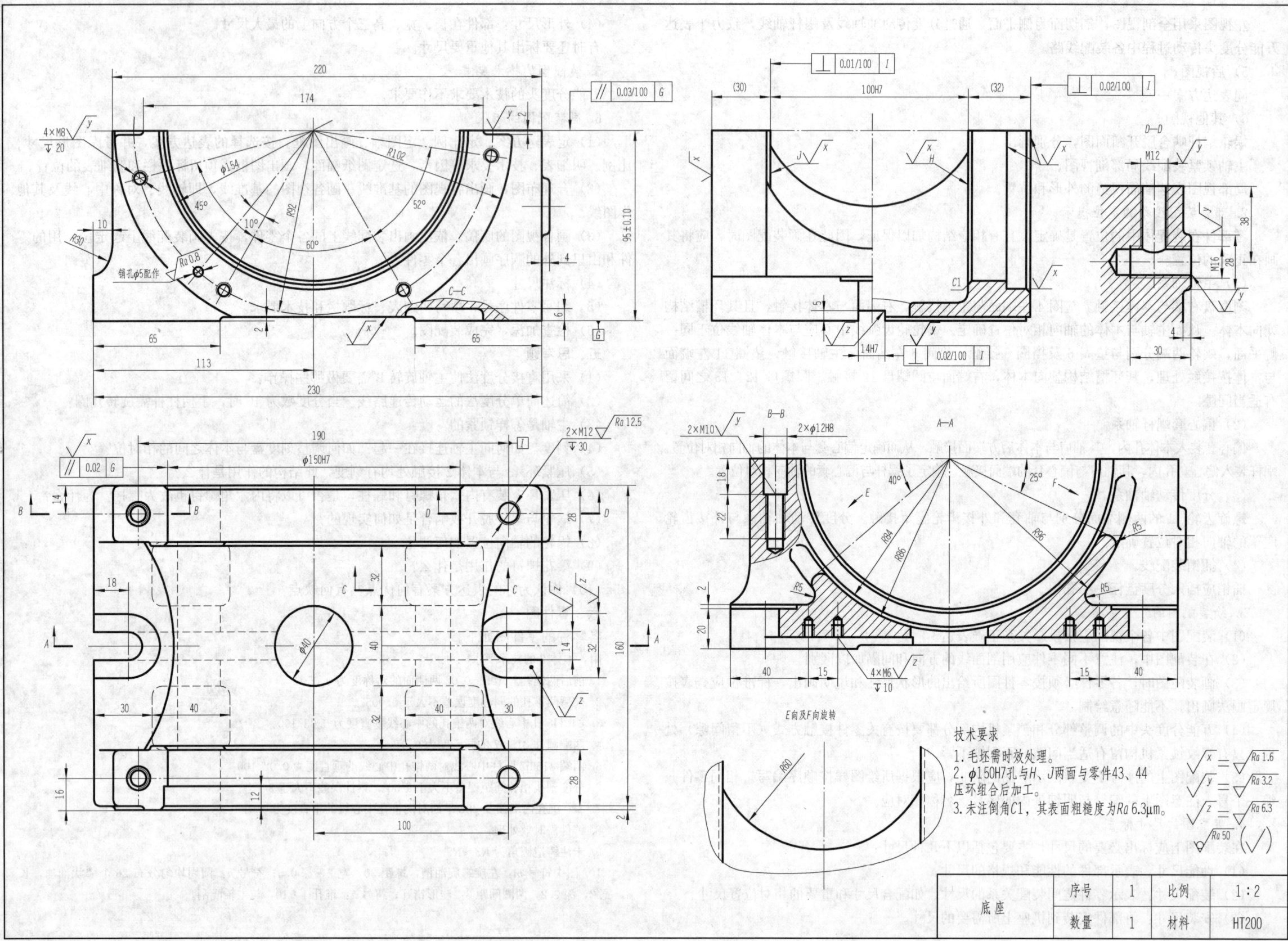

技术要求
1. 毛坯需时效处理。
2. φ150H7孔与H、J两面与零件43、44压环组合后加工。
3. 未注倒角C1，其表面粗糙度为Ra 6.3μm。

底座	序号	1	比例	1:2
	数量	1	材料	HT200

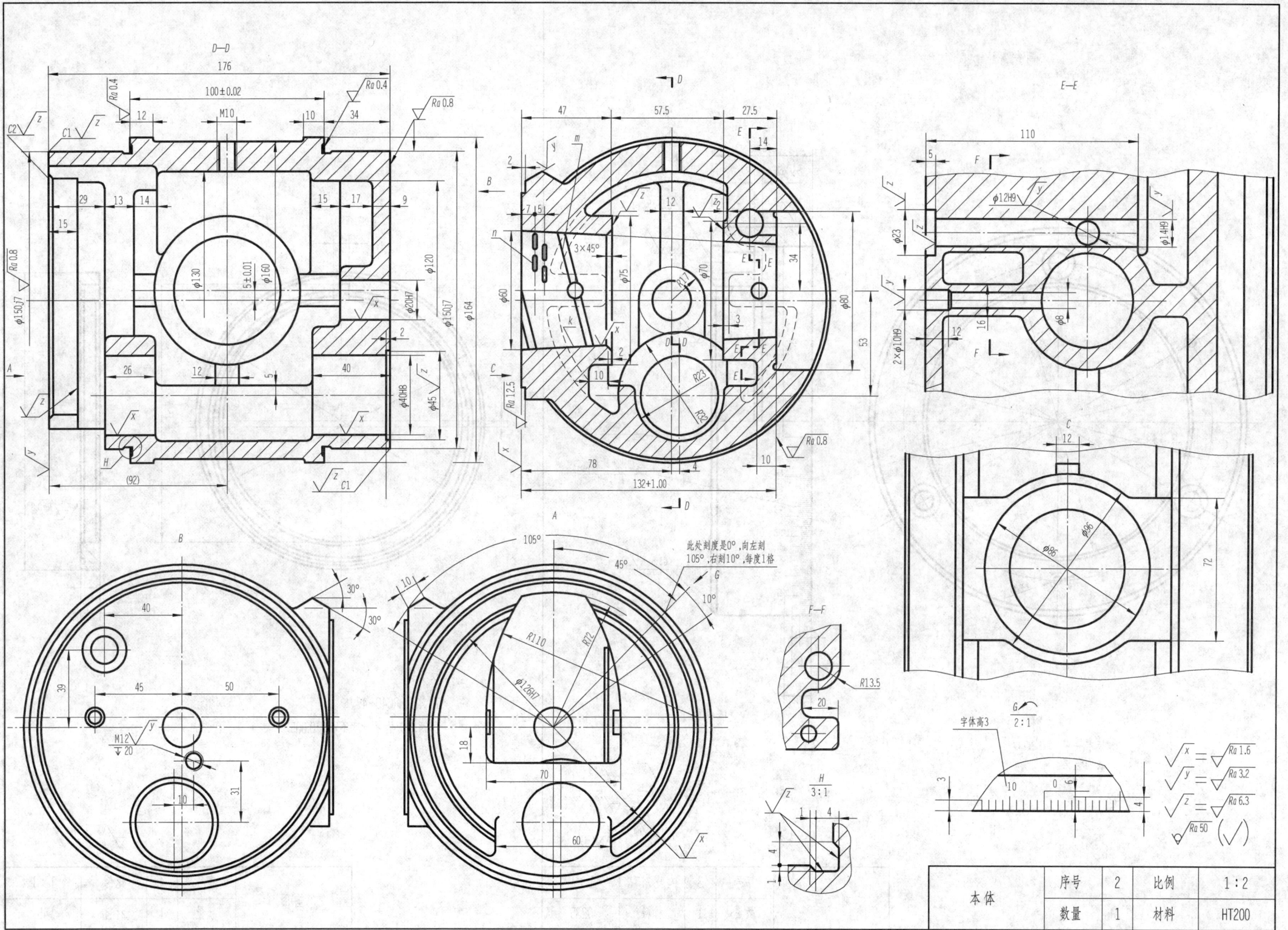

D—D

176
100±0.02
Ra 0.4
Ra 0.4
Ra 0.8
12
M10
10
34
C2
C1
z
z
29
13
14
15
17
9
15
Ra 0.8
φ130
5±0.01
φ160
φ120
φ150J7
φ164
φ20H7
φ150J7
x
2
φ40H8
φ45
z
26
12
5
40
z
A
y
z
H
C1
(92)

D
E—E
47
57.5
27.5
E
14
110
2
y
m
5
F
z
φ12H9
7.5
z
12
z
23
y
φ14H9
n
3×45°
R7
φ70
y
φ75
E
E
34
z
φ60
E
E
53
φ80
x
3
φ8
k
2
D—D
E
12
16
10
R21
2×φ10H9
C
Ra 12.5
R32
E
78
10
Ra 0.8
132+1.00
D
12

A
105°
C
45°
G
30°
10°
10°
φ86
B
10
φ96
40
R110
R72
72
39
45
50
φ126H7
F—F
R13.5
M12
y
18
20
20
20
10
31
70
G
2:1
60
字体高3
3
10
0 6
4
H
3:1
x
1 4
4
4
1

		x	=	Ra 1.6
本体	序号	2	比例	1:2
	数量	1	材料	HT200

此处刻度是0°,向左刻
105°,右刻10°,每度1格

x = Ra 1.6
y = Ra 3.2
z = Ra 6.3
Ra 50

• 35 •

刻度盘

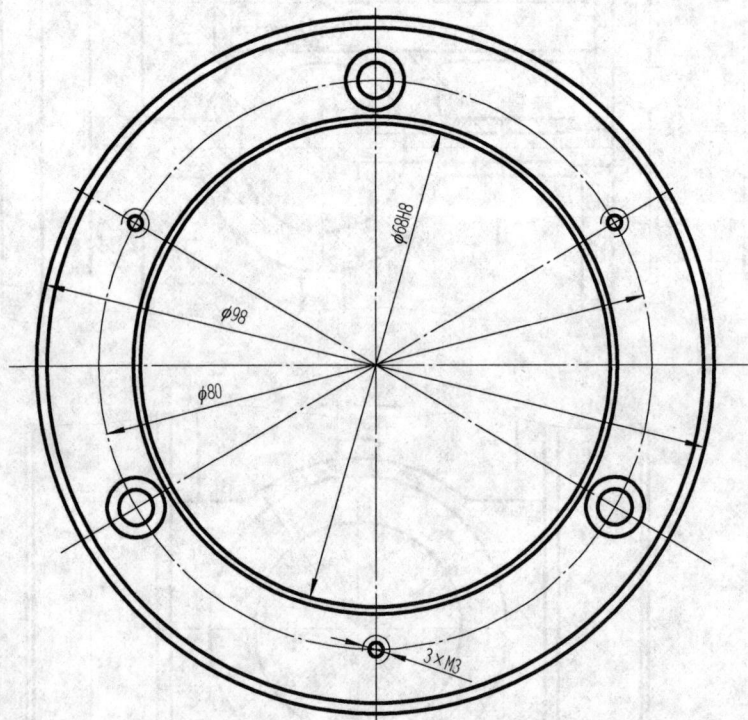

技术要求
表面镀铬。

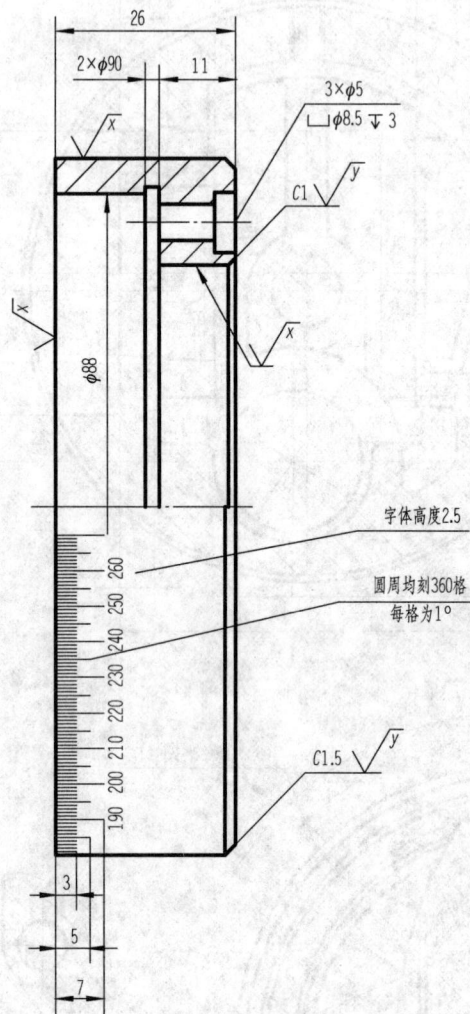

$2×\phi90$ 11

$3×\phi5$
$⌴\phi8.5 ▽ 3$

$C1$

$\phi88$

$\phi88$

$\phi98$

$\phi80$

$3×M3$

$C1.5$

字体高度2.5

圆周均刻360格
每格为1°

26

3
5
7

190 200 210 220 230 240 250 260

$\sqrt{x} = \sqrt{Ra\ 3.2}$
$\sqrt{y} = \sqrt{Ra\ 12.5}$
$\sqrt{Ra\ 6.3}\ (\sqrt{\ })$

刻度盘	序号	3	比例	1:1
	数量	1	材料	Q235

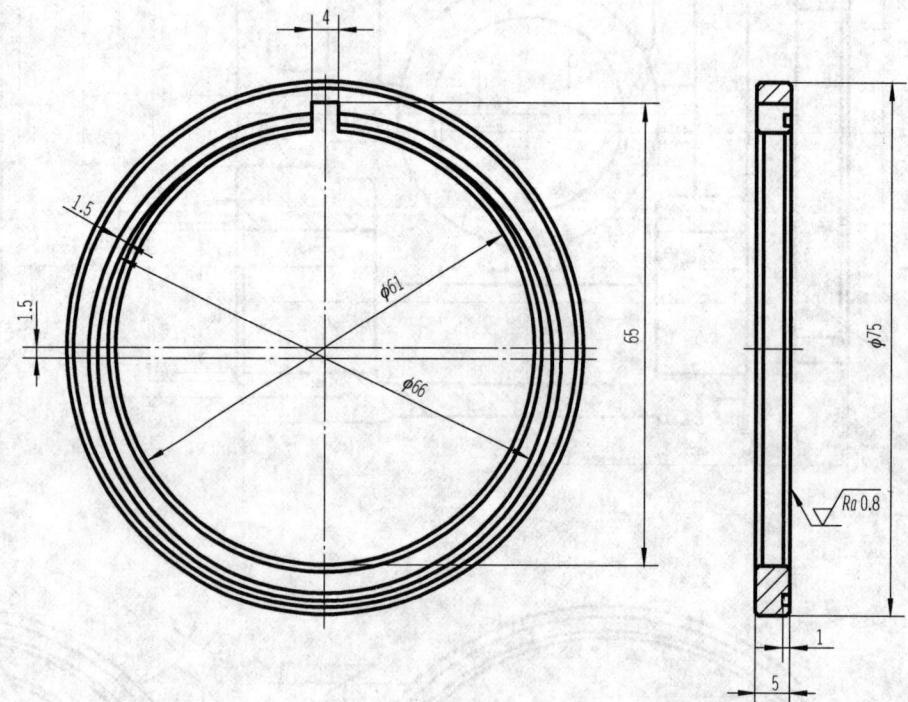

垫圈

技术要求
1. 淬火HRC40~45。
2. 两端面的平行度不小于0.005。
3. 未注倒角C0.5。

4

1.5

1.5

$\phi61$

$\phi66$

65

$\phi75$

1
5

$Ra\ 0.8$

$\sqrt{Ra\ 6.3}\ (\sqrt{\ })$

垫圈	序号	4	比例	1:1
	数量	1	材料	45

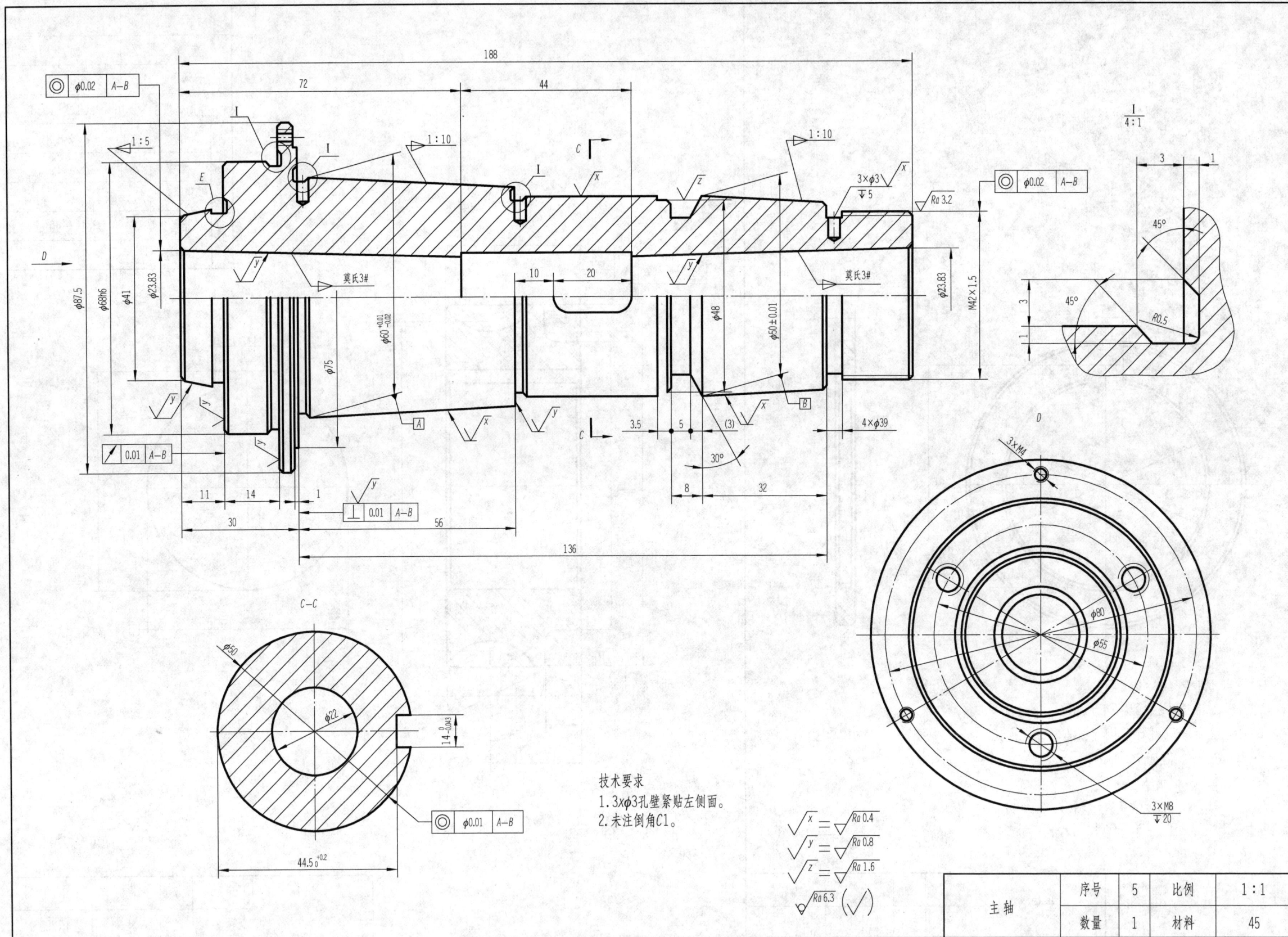

主轴

技术要求
1. 3x φ3孔壁紧贴左侧面。
2. 未注倒角C1。

		序号	5	比例	1:1
主轴		数量	1	材料	45

端面模数	m	2
齿 数	Z_2	40
齿形角	α	20°
精度等级		8C GB/T 10089—1988
配偶蜗杆	轴向模数	m	2
	齿 数	Z_1	1
	旋 向		右
	导程角	γ	5° 11′ 40″
	件 号		18

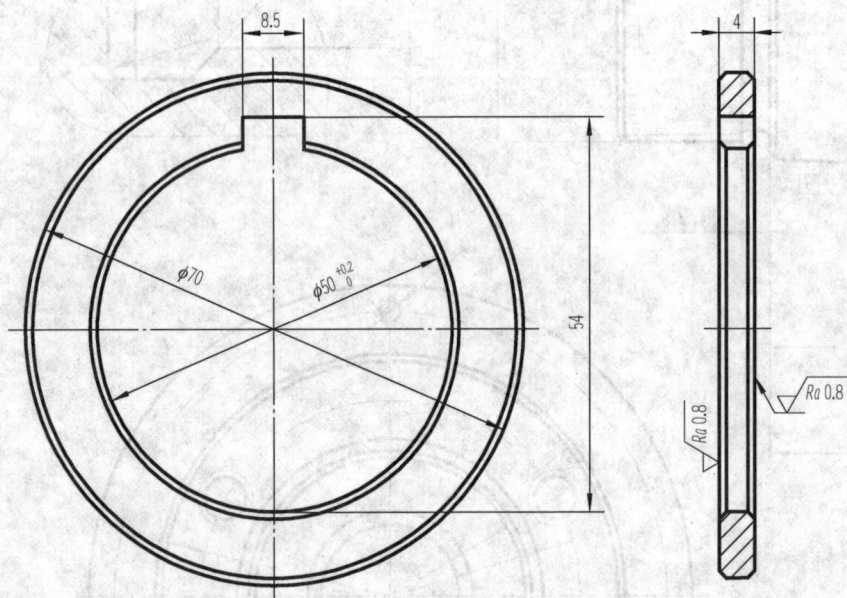

$\phi 70$

$\phi 50 \, ^{+0.2}_{0}$

8.5

54

4

$\sqrt{Ra\,0.8}$ $\sqrt{Ra\,0.8}$

技术要求
1. 两端面的平面度不小于0.01。
2. 两端面的平行度不小于0.005。
3. 未注倒角C0.5。

$\sqrt{Ra\,6.3}\,(\sqrt{\ })$

垫圈	序号	6	比例	1:1
	数量	1	材料	45

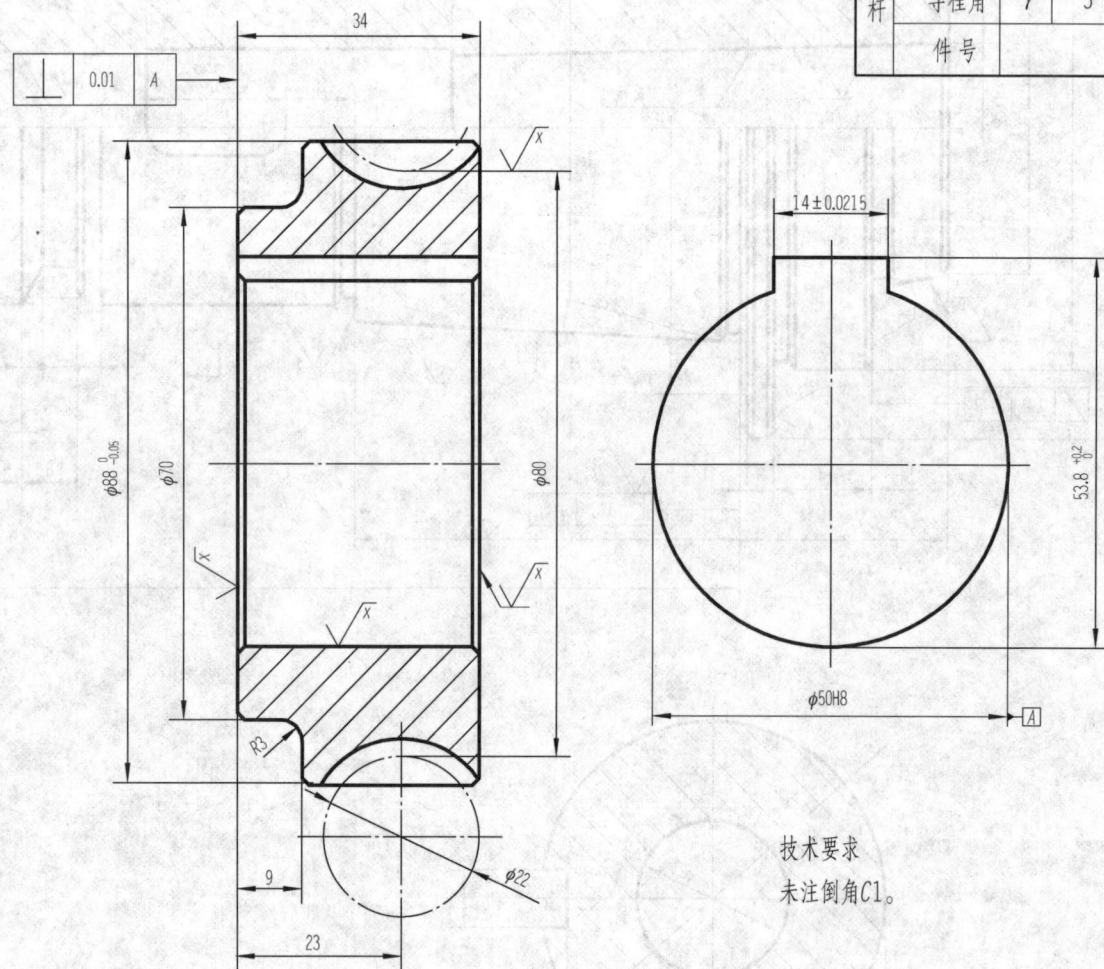

$\perp$ | 0.01 | A

34

$\phi 88 \, ^{0}_{-0.05}$

$\phi 70$

$\phi 80$

$\sqrt{x}$

R3

9

23

$\phi 22$

14 ± 0.0215

$53.8 \, ^{+0.2}_{0}$

$\phi 50H8$

A

技术要求
未注倒角C1。

$\sqrt{x} = \sqrt{Ra\,1.6}$

$\sqrt{Ra\,6.3}\,(\sqrt{\ })$

蜗轮	序号	7	比例	1:1
	数量	1	材料	HT200

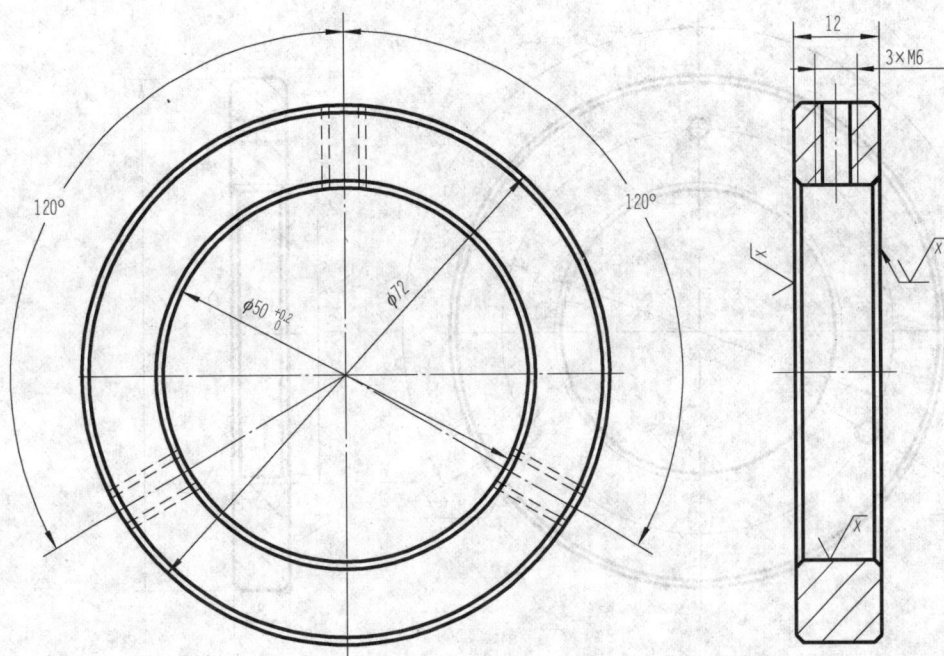

技术要求
未注倒角C1。

$$\sqrt{\frac{x}{}} = \sqrt{\frac{Ra\,3.2}{}}$$
$$\sqrt{\frac{}{Ra\,6.3}}(\sqrt{})$$

挡圈	序号	8	比例	1:1
	数量	1	材料	45

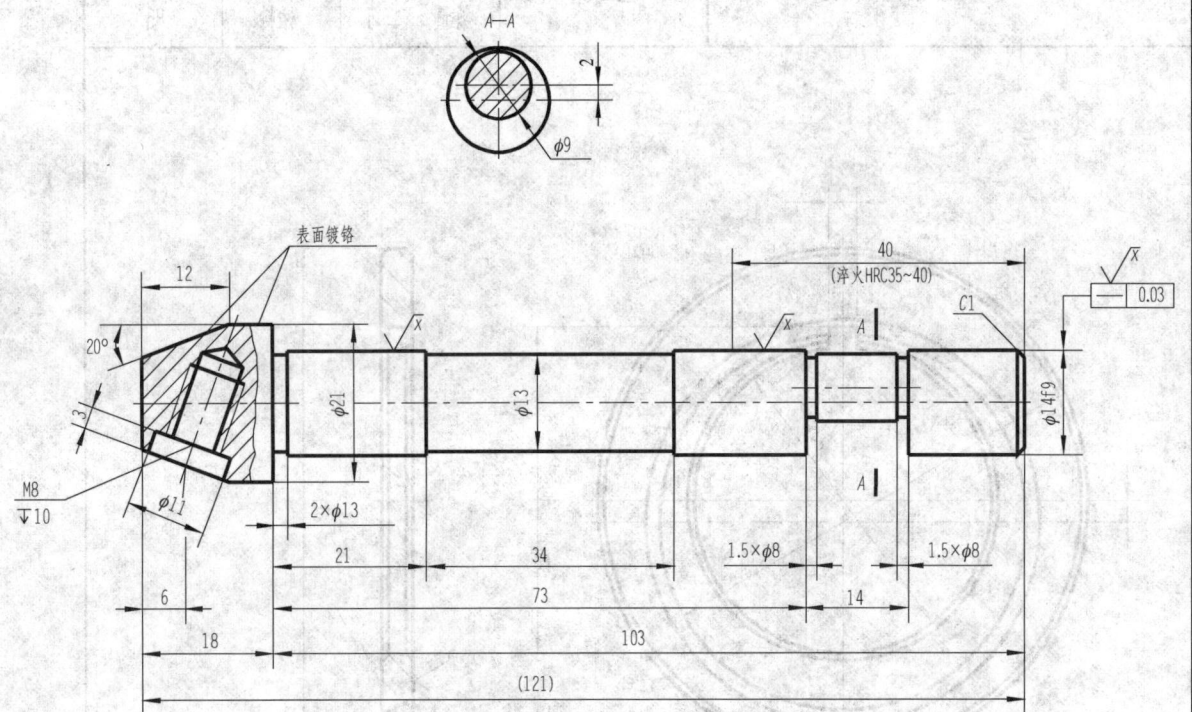

A—A

φ9

表面镀铬

20°

M8
↓10

φ11

φ21

φ13

φ14f9

2×φ13

1.5×φ8

1.5×φ8

12

21

34

14

6

73

40
(淬火HRC35~40)

C1

0.03

18

103

(121)

$$\sqrt{\frac{x}{}} = \sqrt{\frac{Ra\,1.6}{}}$$
$$\sqrt{\frac{}{Ra\,6.3}}(\sqrt{})$$

偏心杆	序号	9	比例	1:1
	数量	1	材料	45

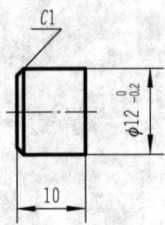

C1

$\phi 12^{\ 0}_{-0.2}$

10

$\sqrt{Ra\,6.3}$

技术要求
表面淬火HRC35~40。

垫块	序号	10	比例	1:1
	数量	1	材料	35

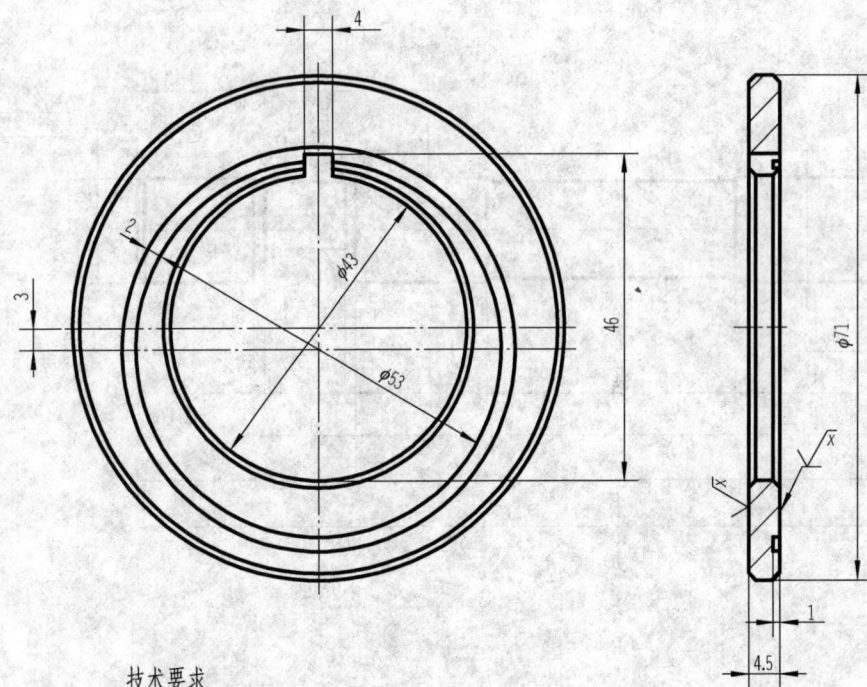

4

2

$\phi 43$

$\phi 53$

3

46

$\phi 71$

1

4.5

$\sqrt{x}$

技术要求
1. 淬火HRC40~45。
2. 两端面的平行度误差小于0.005。
3. 未注倒角C0.5。

$\sqrt{x} = \sqrt{Ra\,0.8}$

$\sqrt{Ra\,6.3}\ (\sqrt{\ })$

垫圈	序号	11	比例	1:1
	数量	1	材料	45

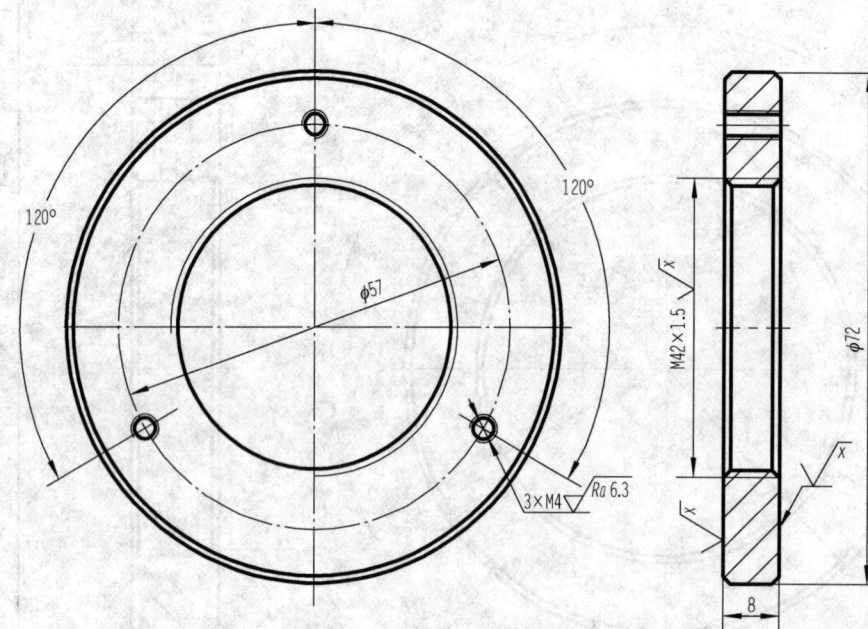

120°

120°

$\phi 57$

$3 \times M4$ $\sqrt{Ra\,6.3}$

M42×1.5

$\phi 72$

8

$\sqrt{x}$

技术要求
1. 表面发黑。
2. 未注倒角C0.5。

$\sqrt{x} = \sqrt{Ra\,3.2}$

$\sqrt{Ra\,12.5}\ (\sqrt{\ })$

圆螺母	序号	12	比例	1:1
	数量	1	材料	45

3×φ4.5
⌴φ8.5 ⌵ 2.5

120°   120°

2×φ5

φ57

30°

M42×1.5

φ72

6

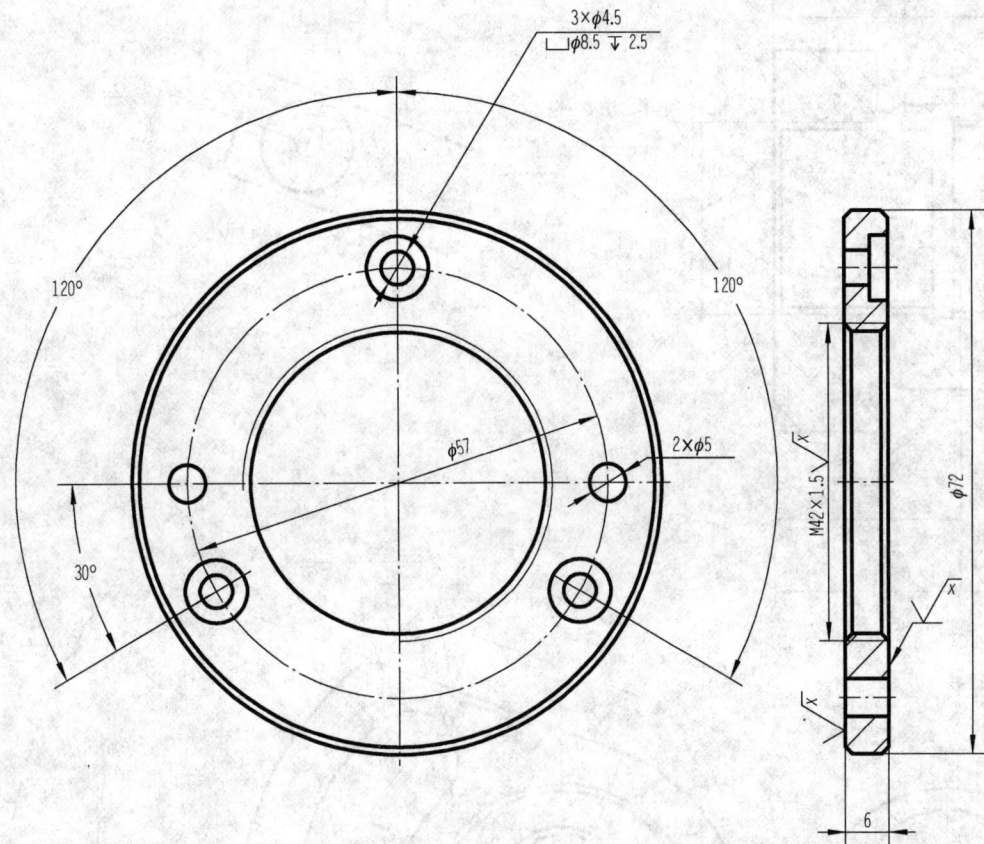

技术要求
1.表面发黑。
2.未注倒角C0.5。

$\sqrt{x} = \sqrt{Ra\,3.2}$
$\sqrt{Ra\,12.5}\ (\sqrt{\ })$

圆螺母	序号	13	比例	1:1
	数量	1	材料	45

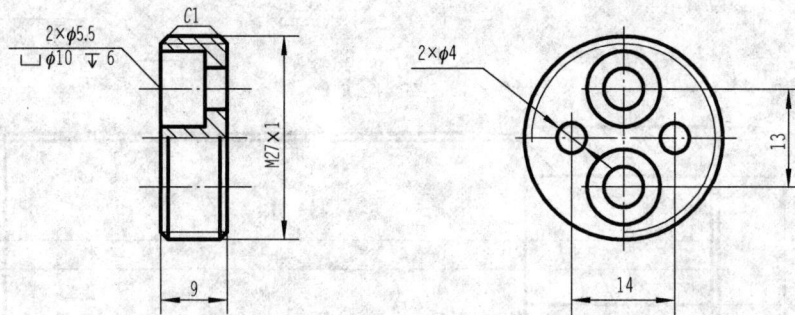

2×φ5.5
⌴φ10 ⌵ 6

C1

M27×1

9

2×φ4

13

14

$\sqrt{Ra\,6.3}$

调节螺丝	序号	14	比例	1:1
	数量	1	材料	Q235

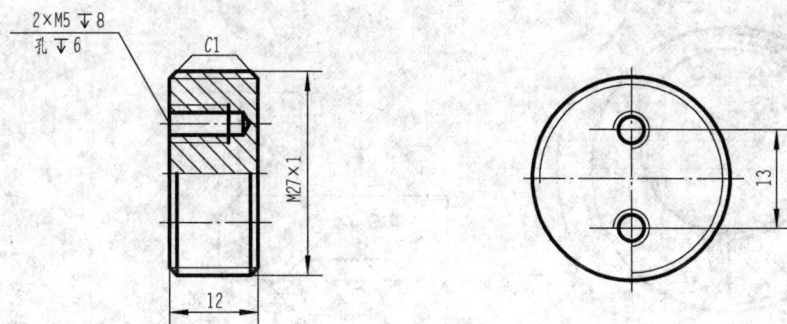

2×M5 ⌵ 8
孔 ⌵ 6

C1

M27×1

12

13

$\sqrt{Ra\,6.3}$

调节螺丝	序号	15	比例	1:1
	数量	1	材料	Q235

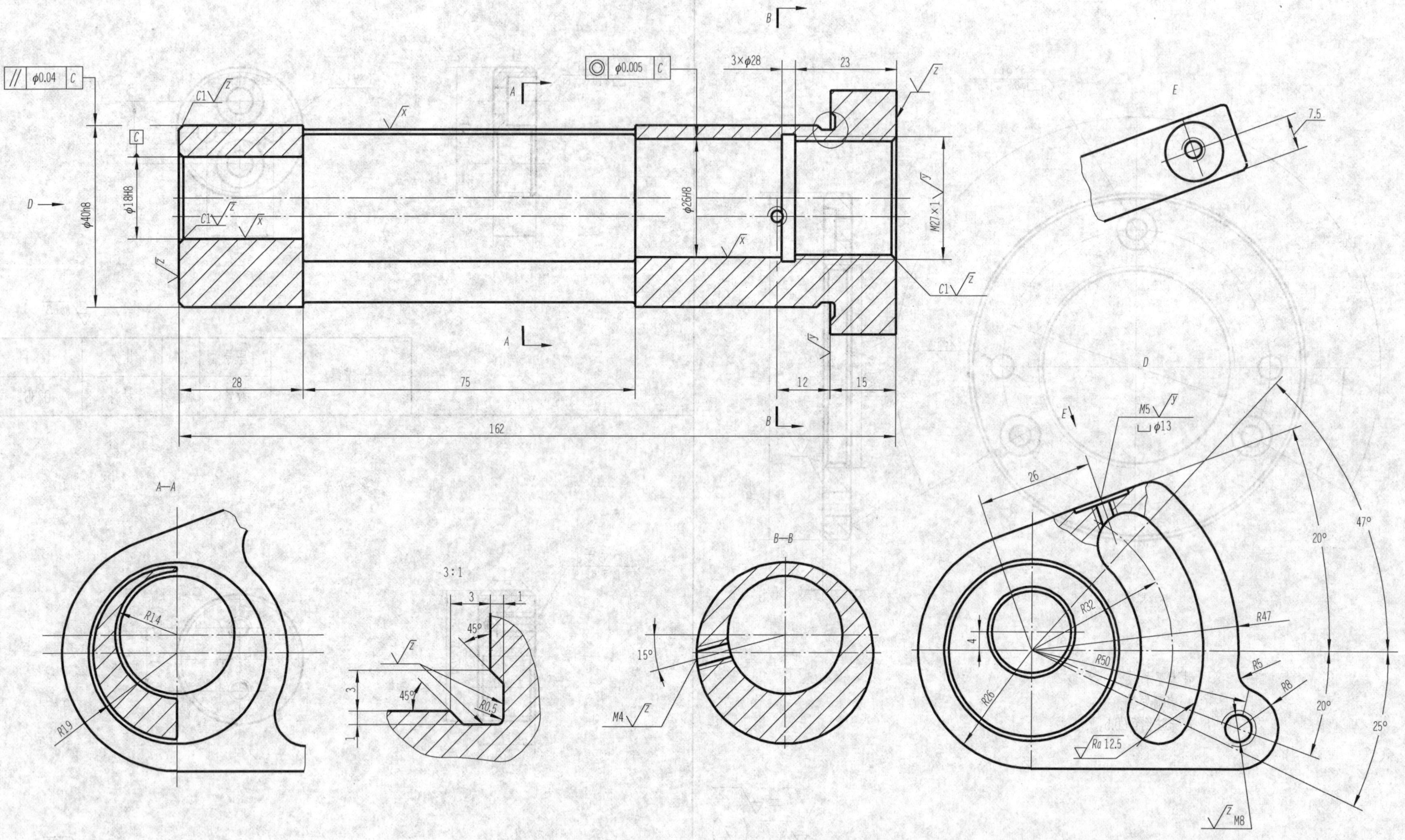

// | φ0.04 | C

⌖ | φ0.005 | C

C1

φ40h8

φ18H8

C1

D

3×φ28   23

A

B

x

z

φ26H8

M27×1

x

C1 z

28   75   12   15

162

A   B

E

7.5

D

M5 y
⊔ φ13

26

E

47°

20°

R32

R47

4

R50

R5

R26

R8

20°

25°

A—A

R14

R19

3:1

3   1

45°

3

45°   R0.5

1

z

B—B

15°

M4 z

Ra 12.5

z M8

偏心套

序号 | 16 | 比例 | 1:1
数量 | 1 | 材料 | HT150

√x = √Ra 1.6   √y = √Ra 3.2

√z = √Ra 6.3   √Ra 50 (√)

蜗杆类型		ZA
轴向模数	m	2
头数	Z_1	1
齿形角	α	20°
螺旋方向		右
导程角	γ	5° 11′ 40″
精度等级		8C GB/T 10089—1988
配偶蜗轮	件号	7
	齿数 Z_2	40

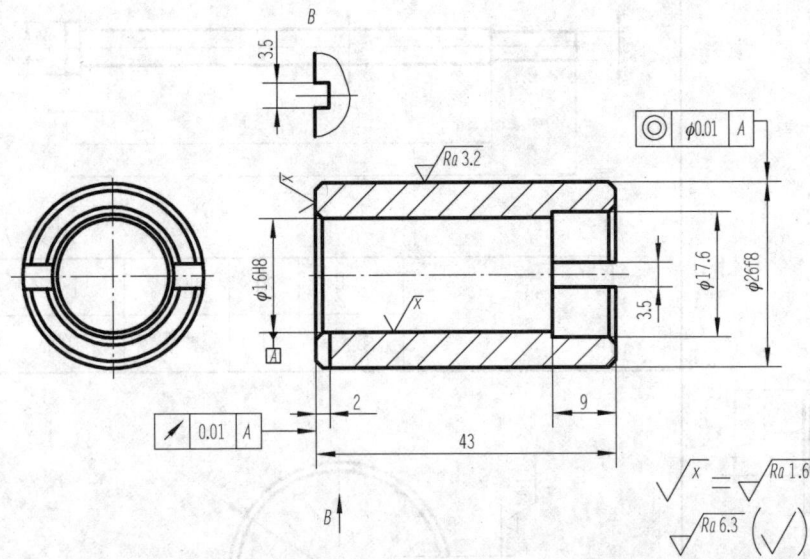

止推套筒

技术要求
未注倒角C1。

	序号	17	比例	1:1
止推套筒	数量	1	材料	HT150

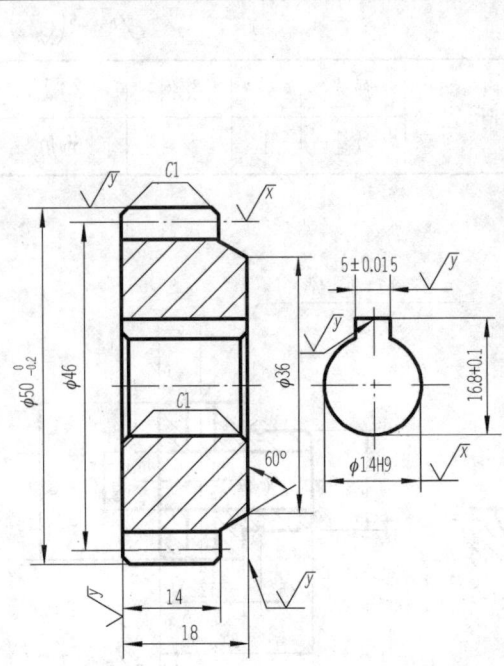

$\sqrt{x} = \sqrt{Ra\,1.6}$

$\sqrt{} = \sqrt{Ra\,6.3}\ (\sqrt{})$

法向模数	m_n	2
齿数	Z_1	23
齿形角	α	20°
精度等级		9FH GB/T 10095—2008
配偶齿轮	件号	19
	齿数 Z_2	23
公法线长度	W_k	15.405
跨齿数	k	3

$\sqrt{x} = \sqrt{Ra\,3.2}$

$\sqrt{y} = \sqrt{Ra\,6.3}$

$\sqrt{} = \sqrt{Ra\,12.5}\ (\sqrt{})$

	序号	19	比例	1:1
正齿轮	数量	2	材料	45

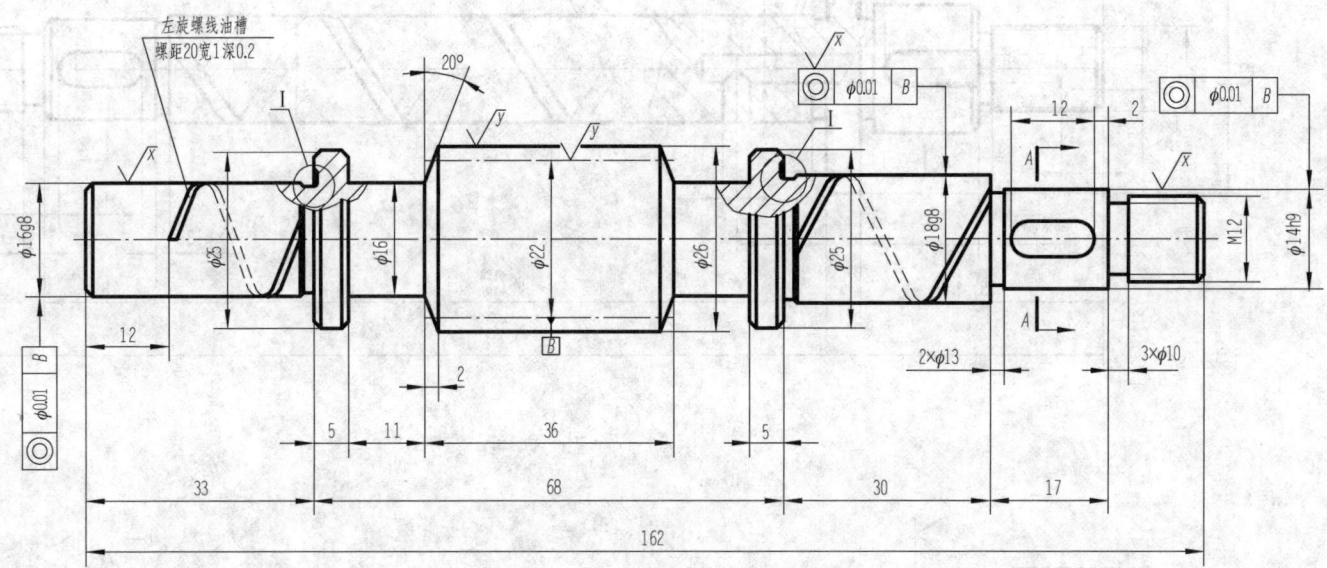

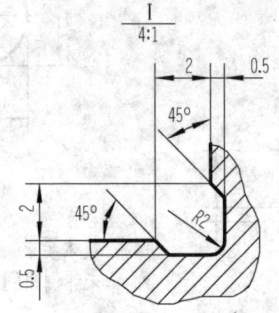

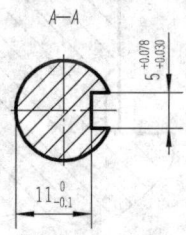

左旋螺线油槽
螺距20宽1深0.2

$\phi 0.01$ B

$\phi 0.01$ B

$\frac{I}{4:1}$

$A—A$

技术要求
1. 调质处理HRC30~35。
2. 未注倒角C1。

$\sqrt{x} = \sqrt{Ra\,0.8}$

$\sqrt{y} = \sqrt{Ra\,3.2}$

$\sqrt{} = \sqrt{Ra\,6.3}\ (\sqrt{})$

	序号	18	比例	1:1
蜗杆	数量	1	材料	45

油槽宽2深1螺距24左旋

58

15　C0.5

13

φ4

φ35

M12

φ6H8

φ15n7

B

M12

6

A

2

φ4

2×φ10

17

13

2×φ13

3×φ10

35

5

95 +0.10 +0.05

12　2

18

172

A—A

4:1

B—B

φ18h7

5 +0.078 +0.030

0.5　2

φ14h7

5 +0.078 +0.030

15 0 -0.1

45°

45°

2

0.5

11 0 -0.1

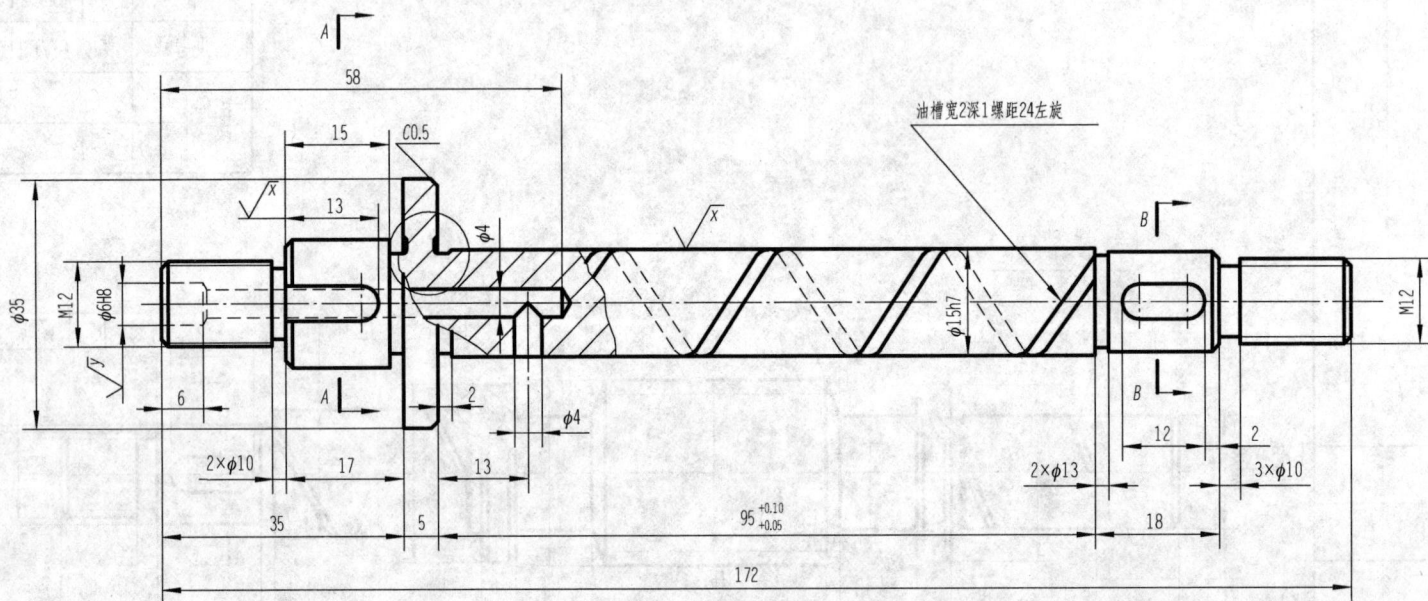

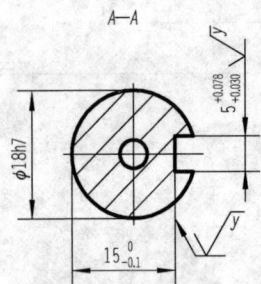

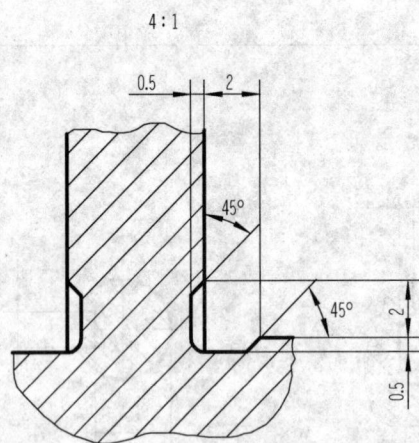

技术要求
未注倒角C1。

$\sqrt{x} = \sqrt{Ra\,0.8}$

$\sqrt{y} = \sqrt{Ra\,3.2}$

$\sqrt{Ra\,6.3}$ (√)

分度传动轴	序号	20	比例	1:1
	数量	1	材料	45

φ4

φ5

φ7.5

61

73

2

$\sqrt{Ra\,6.3}$ (√)

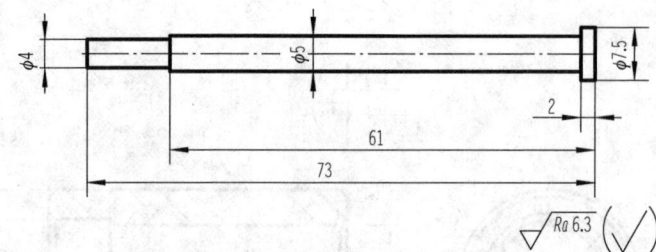

芯子	序号	29	比例	1:1
	数量	1	材料	Q235

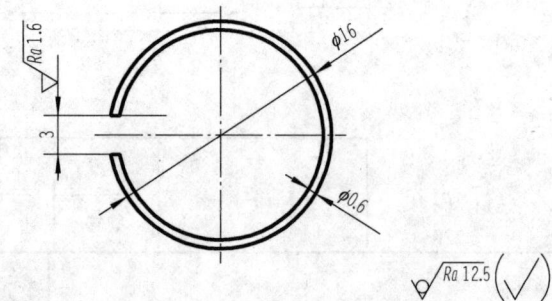

φ16

φ0.6

3

Ra 1.6

$\sqrt{Ra\,12.5}$ (√)

弹簧圈	序号	30	比例	2:1
	数量	1	材料	65Mn

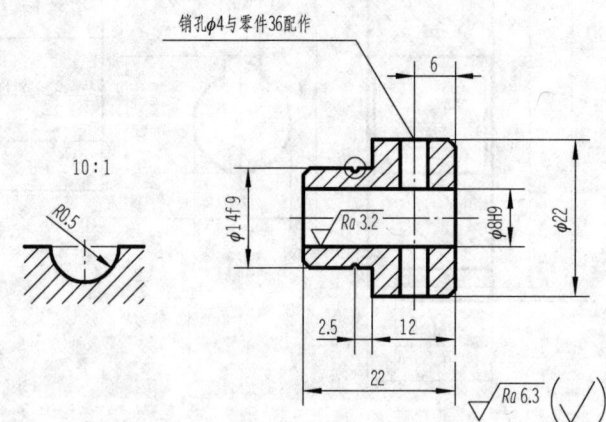

销孔φ4与零件36配作

6

R0.5

10:1

φ14f9

Ra 3.2

φ8H9

φ22

2.5　12

22

$\sqrt{Ra\,6.3}$ (√)

银套	序号	31	比例	1:1
	数量	1	材料	Q235

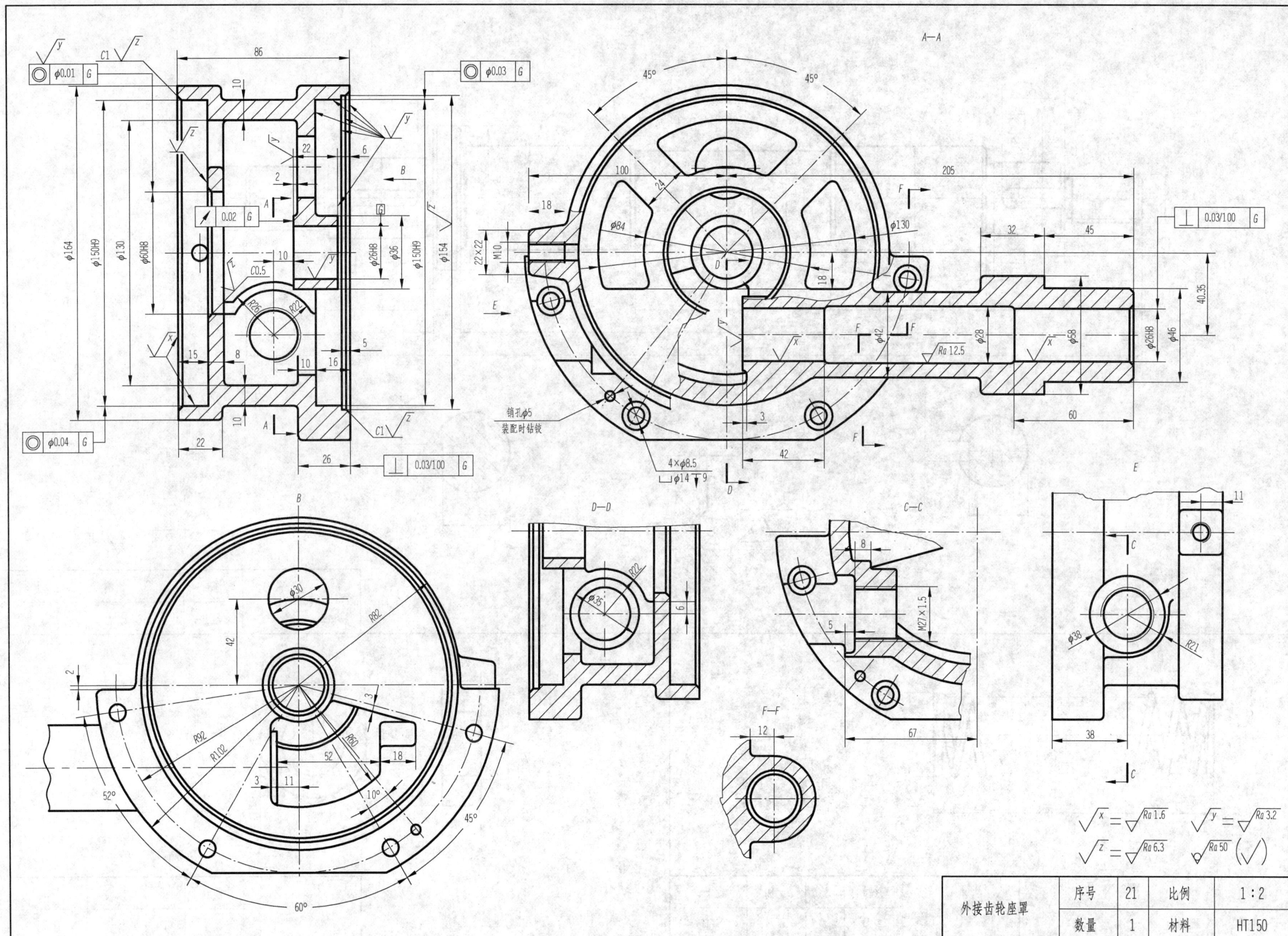

外接齿轮座罩

序号	21	比例	1:2
数量	1	材料	HT150

传动轴 (Transmission shaft) drawing:

16
$\phi18h9$
A
$\sqrt{y}$
M12
$2\times\phi10$
20
40
$2\times\phi17$
$\sqrt{x}$
$\phi26f9$
$\phi23.5$
40
110
235
290
$\sqrt{x}$
$\phi26f9$
$\phi36$
$\phi20h9$
24
B
$\sqrt{y}$
M16
$2\times\phi19$
28
48

A—A
$\sqrt{z}$
$5^{+0.078}_{+0.030}$
$15^{0}_{-0.1}$

4:1
2 0.5
$45°$
2 $45°$
$R2$
0.5
0.5

B—B
$\sqrt{z}$
$4^{+0.078}_{+0.030}$
$17.5^{0}_{-0.1}$

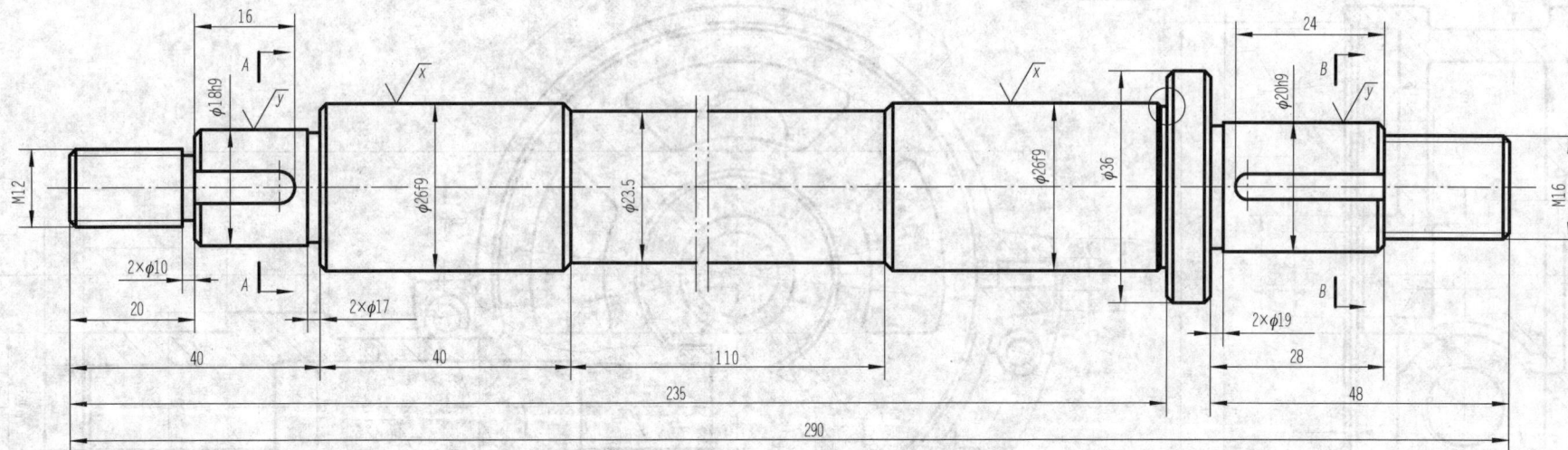

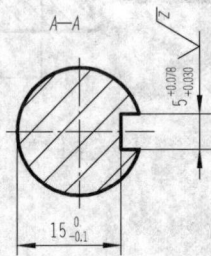

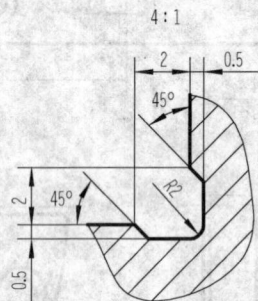

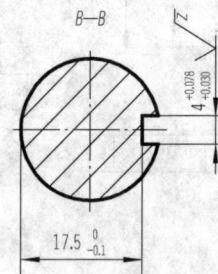

技术要求
调质处理HRC24~28。

$\sqrt{x} = \sqrt{Ra\,0.4}$ $\sqrt{y} = \sqrt{Ra\,0.8}$
$\sqrt{z} = \sqrt{Ra\,3.2}$ $\sqrt{Ra\,6.3}$ $(\sqrt{\ })$

传动轴	序号	22	比例	1:1
	数量	1	材料	45

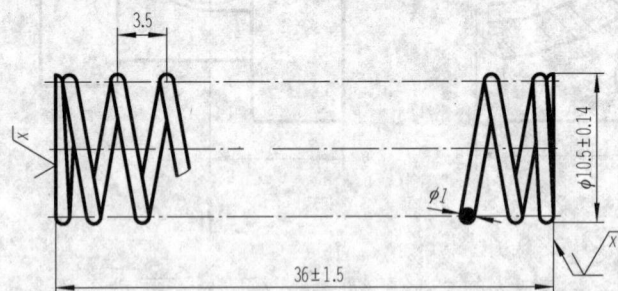

弹簧 (Spring) drawing:

3.5
$\sqrt{x}$
$\phi1$
36 ± 1.5
10.5 ± 0.14

技术要求
1.总圈数n_1=11.5。
2.有效圈数n=10。
3.旋向为右旋。
4.钢丝展开长度L=352。
5.热处理后硬度为HRC45。

$\sqrt{x} = \sqrt{Ra\,6.3}$
$\sqrt{Ra\,12.5}$ $(\sqrt{\ })$

弹簧	序号	33	比例	2:1
	数量	1	材料	65Mn

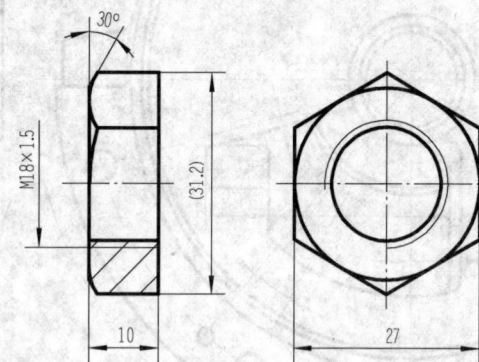

螺母 (Nut) drawing:

$30°$
M18×1.5
(31.2)
10
27
$\sqrt{Ra\,12.5}$

螺母	序号	35	比例	1:1
	数量	1	材料	Q235

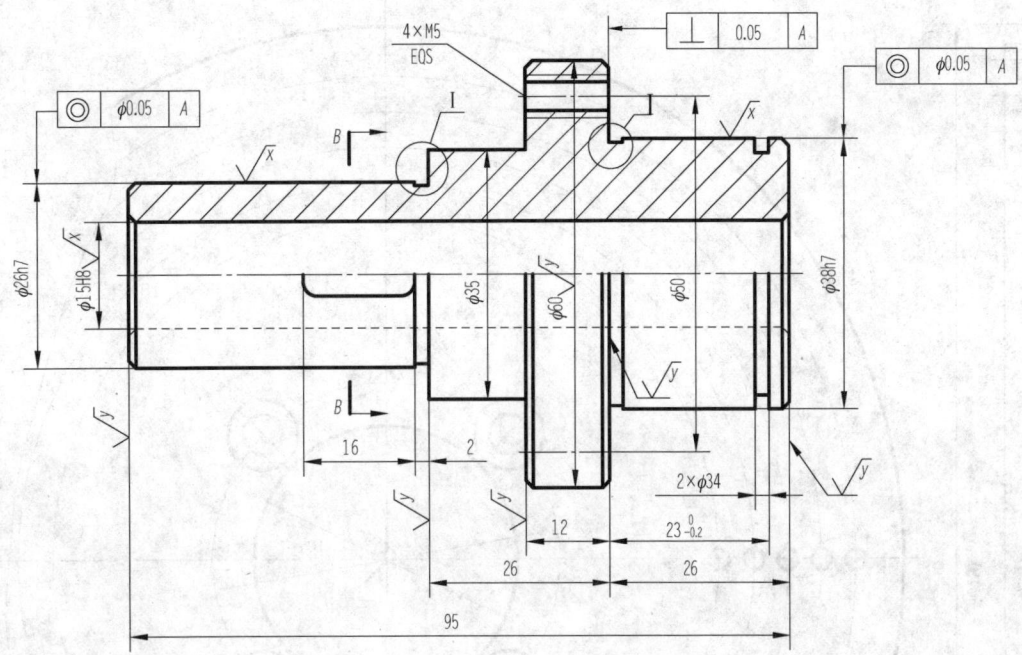

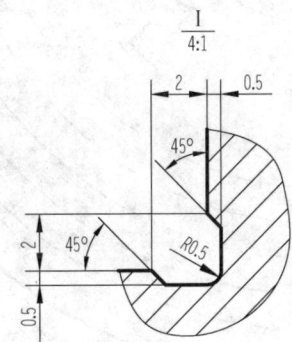

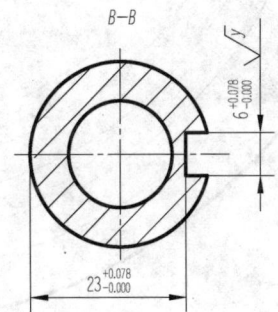

$4 \times M5$
EQS

$\perp$ | 0.05 | A

◎ | φ0.05 | A

◎ | φ0.05 | A

$\phi 26h7$

$\phi 15H8$

$\phi 35$

$\phi 60$

$\phi 60$

$\phi 38h7$

$2 \times \phi 34$

$23^{\ 0}_{-0.2}$

16

2

12

26

26

95

$\dfrac{I}{4:1}$

2   0.5

45°

2

45°

R0.5

0.5

B—B

$6^{+0.078}_{-0.000}$

$23^{+0.078}_{-0.000}$

$\sqrt{x} = \sqrt{\text{Ra 1.6}}$

$\sqrt{y} = \sqrt{\text{Ra 3.2}}$

$\sqrt{\text{Ra 6.3}} \left(\sqrt{} \right)$

轴套	序号	23	比例	1:1
	数量	1	材料	45

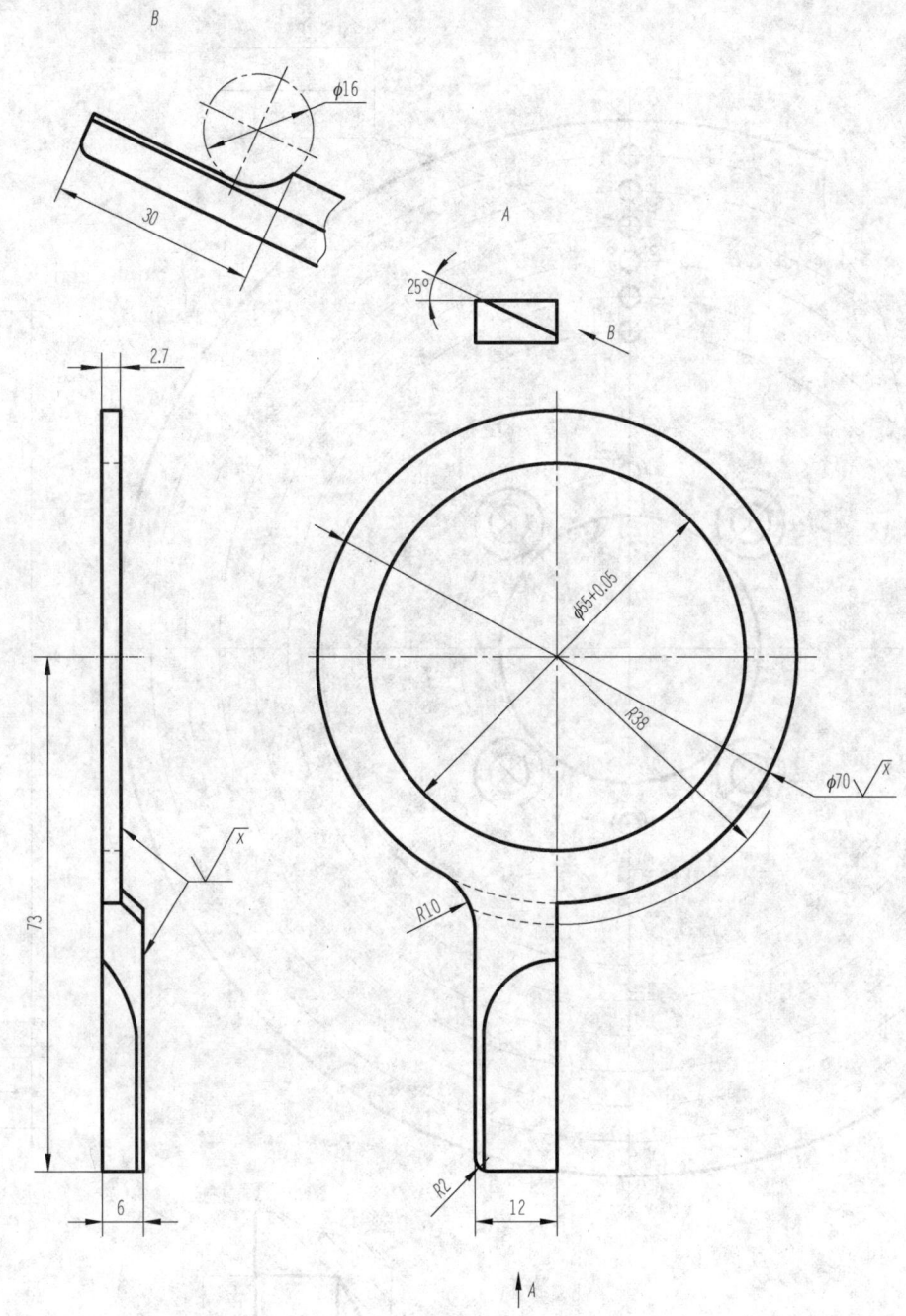

B

$\phi 16$

30

25°

A

B

2.7

$\phi 65 \pm 0.05$

R38

$\phi 70$

R10

73

R2

6

12

A

$\sqrt{x} = \sqrt{\text{Ra 3.2}}$

$\sqrt{\text{Ra 6.3}} \left(\sqrt{} \right)$

计孔板(上)	序号	25	比例	1:1
	数量	1	材料	Q235

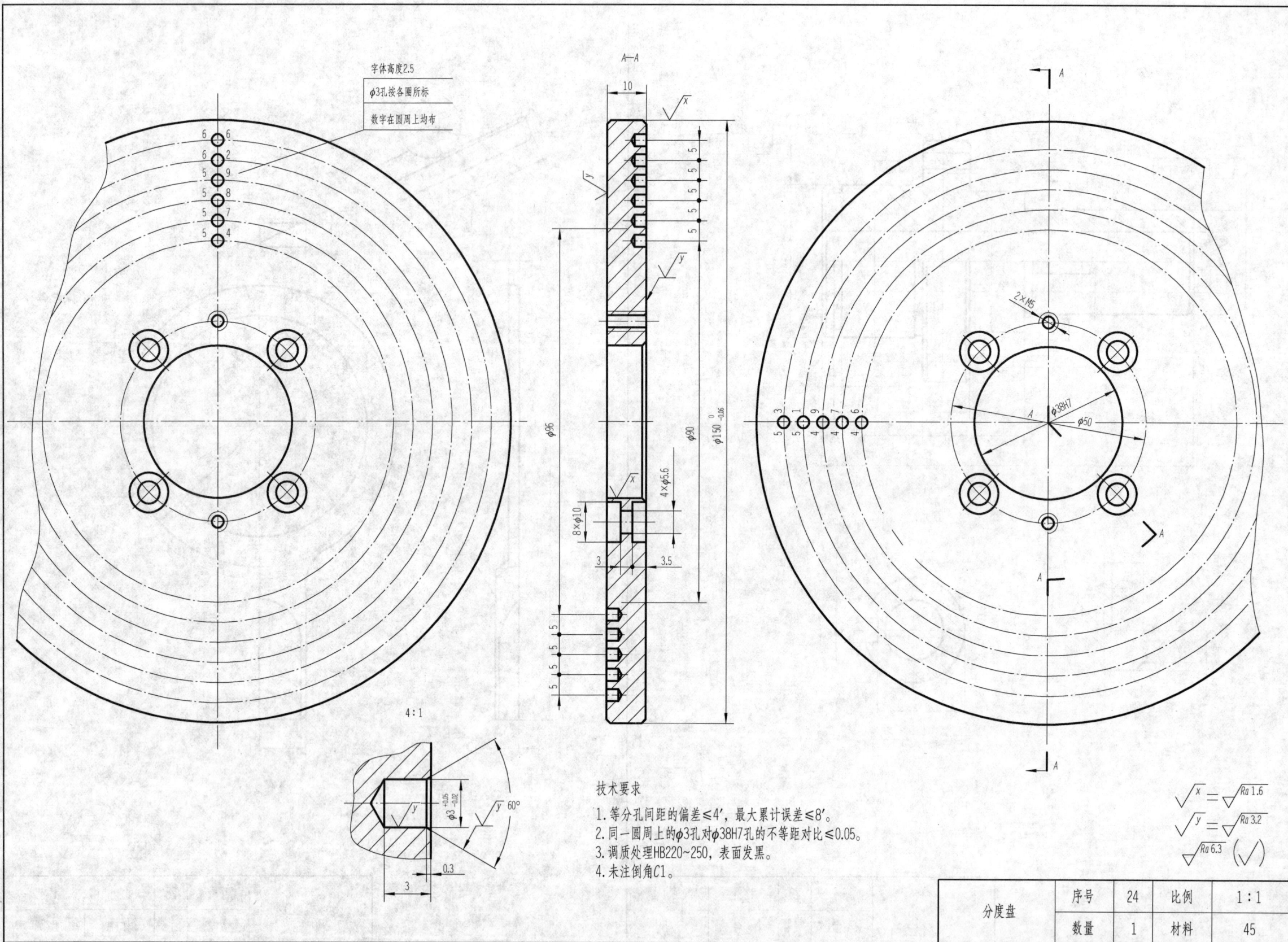

字体高度2.5

φ3孔按各圈所标

数字在圆周上均布

6 6
6 2
5 9
5 8
5 7
5 4

4:1

A—A

10

φ96
φ90
φ150 0 -0.06

5 5 5
5 5 5
5 5 5

4×φ5.6

8×φ10

3   3.5

5
5
5
5

φ3 +0.05 -0.02
0.3
3
60°
y
y

技术要求

1.等分孔间距的偏差≤4′，最大累计误差≤8′。
2.同一圆周上的φ3孔对φ38H7孔的不等距对比≤0.05。
3.调质处理HB220～250，表面发黑。
4.未注倒角C1。

A

2×M5

5 3
5 1
4 9
4 7
4 6

φ38H7
φ50

A

A

A

$\sqrt{x} = \sqrt{}$ Ra 1.6
$\sqrt{y} = \sqrt{}$ Ra 3.2
$\sqrt{}$ Ra 6.3 ($\sqrt{}$)

分度盘	序号	24	比例	1：1
	数量	1	材料	45

· 48 ·

$\phi 34.5$ 3 $\phi 65$ 32 65 R50 5 4 0.3 7

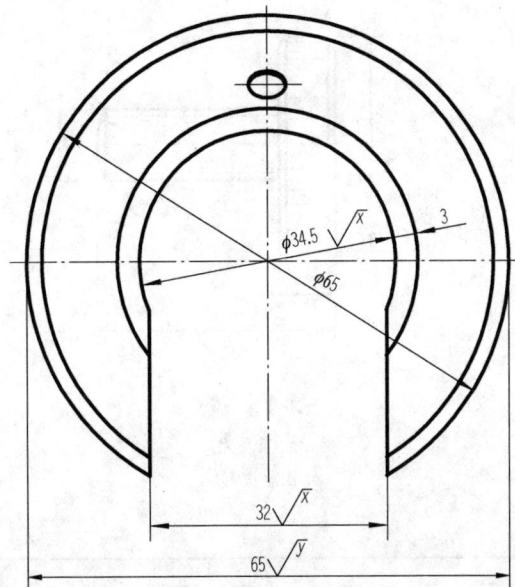

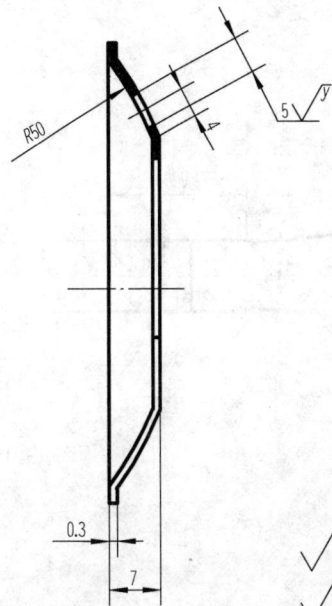

$\sqrt{x} = \sqrt{Ra\,6.3}$
$\sqrt{y} = \sqrt{Ra\,12.5}$
$\sqrt{Ra\,3.2}\ (\sqrt{\ })$

盆簧	序号	26	比例	1:1
	数量	1	材料	65 Mn

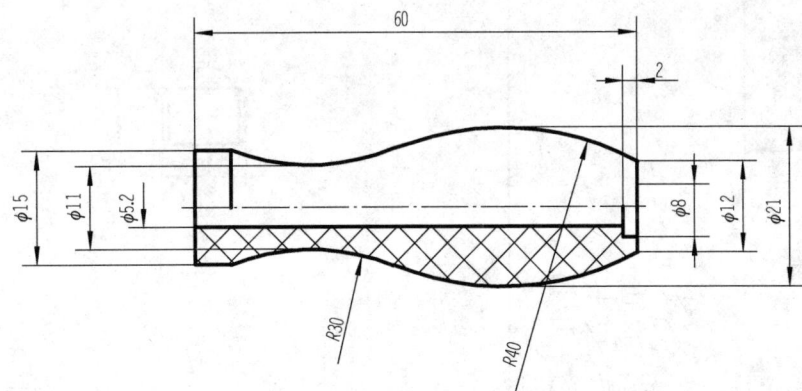

$\phi 22$ $\phi 18.5$ C0.5 C0.5 30 41 10 2 1 C0.5 5 $\phi 14H9$ $\phi 15$ $\phi 22$

60 2 $\phi 15$ $\phi 11$ $\phi 5.2$ $\phi 8$ $\phi 12$ $\phi 21$ R30 R40 $\sqrt{Ra\,6.3}$

手柄	序号	28	比例	1:1
	数量	1	材料	胶木

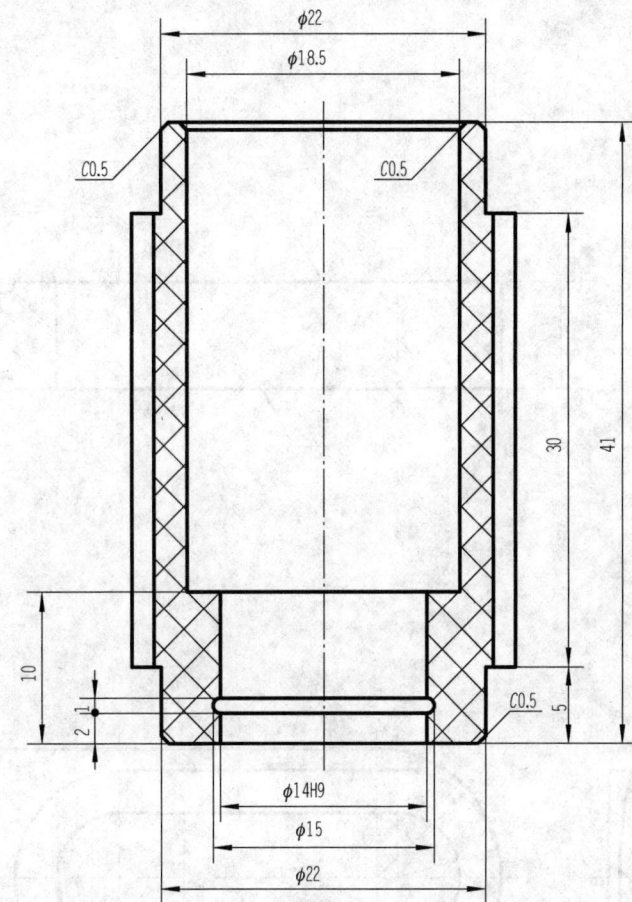

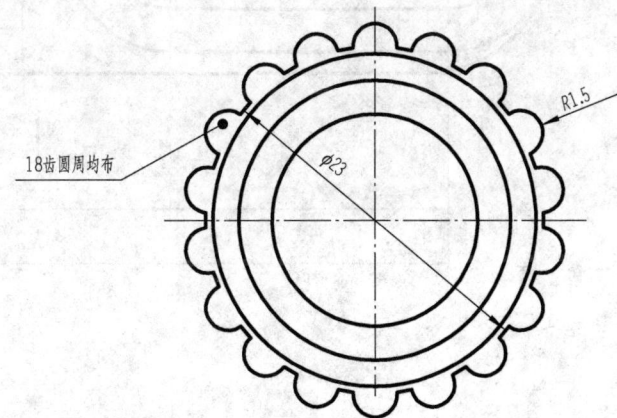

18齿圆周均布 R1.5 $\phi 23$ $\sqrt{Ra\,6.3}$

手柄套	序号	32	比例	2:1
	数量	1	材料	胶木

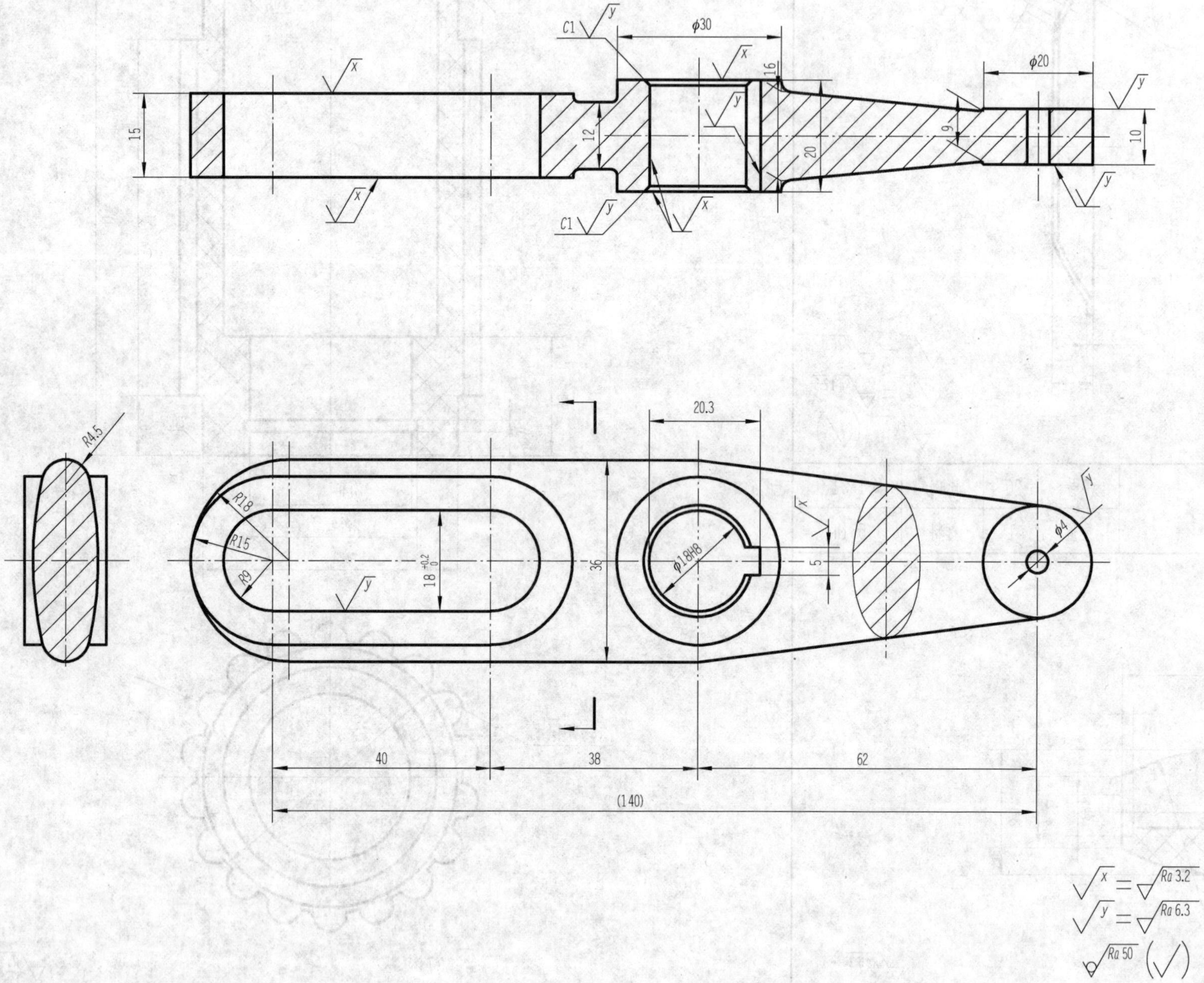

C1 φ30 16

15 12 20 φ20 10

C1

R4.5

R18 20.3

R15 R9

φ18H8

5

φ4

18⁺⁰·²₀ 36

40 38 62

(140)

$\frac{x}{\sqrt{}} = \sqrt{^{Ra\,3.2}}$
$\frac{y}{\sqrt{}} = \sqrt{^{Ra\,6.3}}$

$\sqrt{^{Ra\,50}}(\sqrt{})$

手柄杠杆	序号	27	比例	1:1
	数量	1	材料	HT150

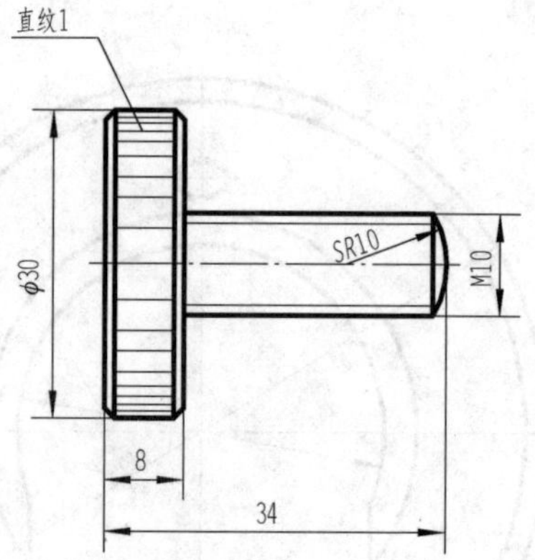

直纹1

φ30 SR10 M10

8

34

技术要求
1.表面发黑。
2.未注倒角C1。

$\sqrt{^{Ra\,6.3}}$

滚花螺钉	序号	38	比例	1:1
	数量	1	材料	45

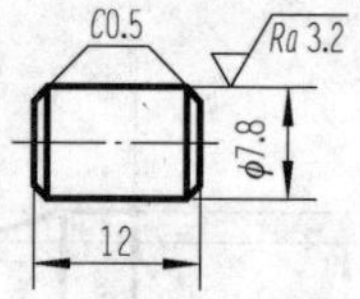

C0.5 $\sqrt{^{Ra\,3.2}}$

φ7.8

12

$\sqrt{^{Ra\,6.3}}(\sqrt{})$

垫块	序号	39	比例	1:1
	数量	1	材料	黄铜

套

15
$\phi 12H9$
$\phi 28$
$\phi 8.2$
$Ra\ 3.2$
41

$\phi 22$
$18\ ^{\ 0}_{-0.1}$

$2 \times \phi 17$
20
$M18 \times 1.5$
4
$\phi 18$
$3 \times \phi 16$
15
10
30
60

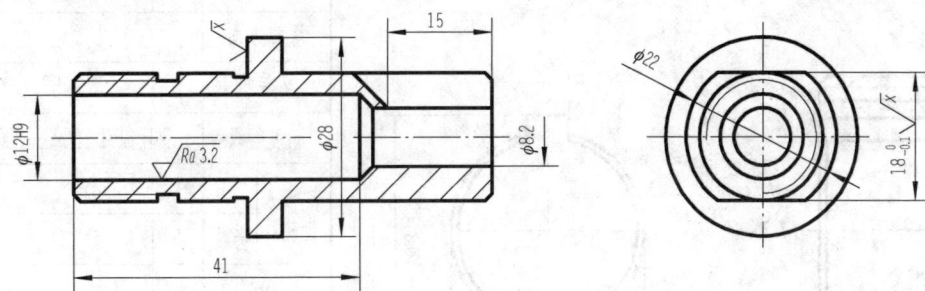

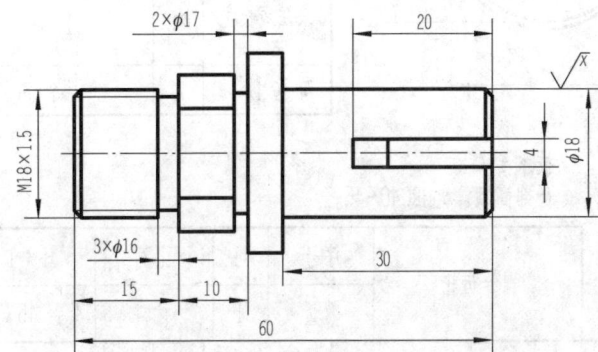

技术要求
未注倒角C1。

$\sqrt{x} = \sqrt{\dfrac{Ra\ 3.2}{}}$
$\sqrt{\dfrac{Ra\ 6.3}{}} (\sqrt{})$

套	序号	34	比例	1:1
	数量	1	材料	45

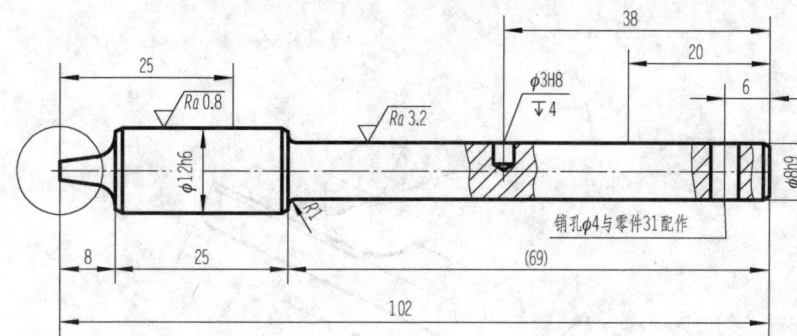

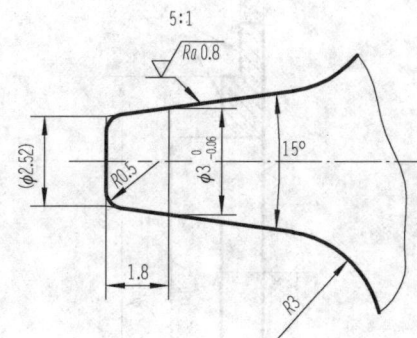

插销

38
25
$\phi 3H8$
$\downarrow 4$
20
6
$Ra\ 0.8$
$Ra\ 3.2$
$\phi 12h6$
$\phi 8h9$
R1
销孔$\phi 4$与零件31配作
8
25
(69)
102

5:1
$Ra\ 0.8$
R0.5
$(\phi 2.52)$
$\phi 3\ ^{\ 0}_{-0.06}$
$15°$
R3
1.8

技术要求
1.尺寸20、25范围内淬火,淬火硬度HRC45~50。
2.未注倒角C0.5。

$\sqrt{\dfrac{Ra\ 6.3}{}} (\sqrt{})$

插销	序号	36	比例	1:1
	数量	1	材料	45

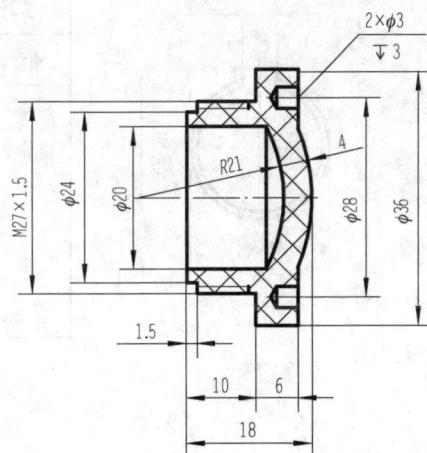

油面视镜

$2 \times \phi 3$
$\downarrow 3$
R21
4
$M27 \times 1.5$
$\phi 24$
$\phi 20$
$\phi 28$
$\phi 36$
1.5
10
6
18

$\sqrt{\dfrac{Ra\ 3.2}{}}$

油面视镜	序号	40	比例	1:1
	数量	1	材料	有机玻璃

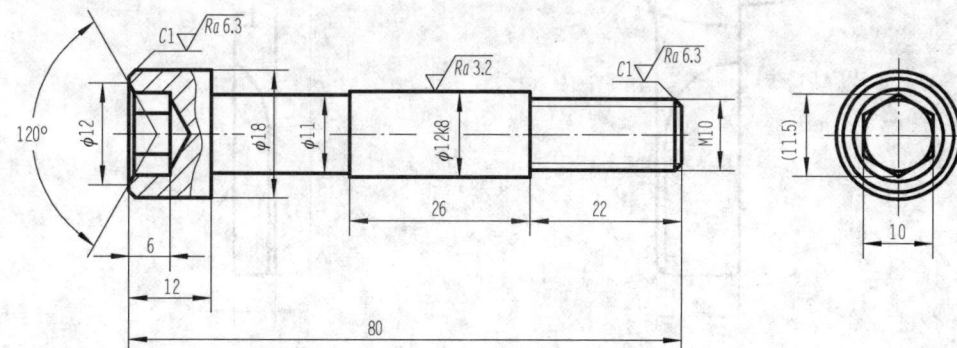

内六角螺钉

$C1$ $Ra\ 6.3$
$120°$
$\phi 12$
$\phi 18$
$\phi 11$
$\phi 12g8$
$C1$ $Ra\ 6.3$
M10
$Ra\ 3.2$
6
12
26
22
80
(11.5)
10

技术要求
调质处理HRC24~28。

$\sqrt{\dfrac{Ra\ 12.5}{}} (\sqrt{})$

内六角螺钉	序号	45	比例	1:1
	数量	2	材料	45

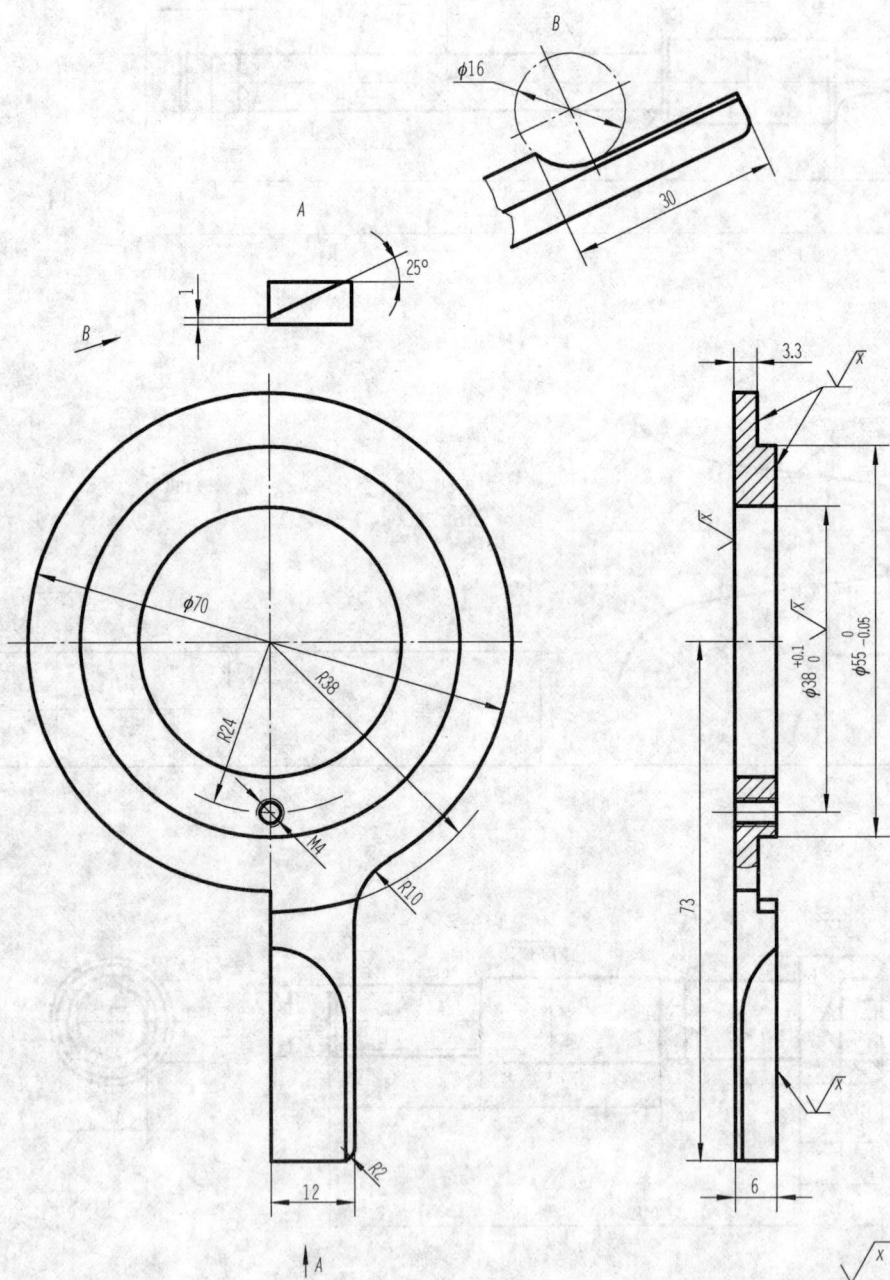

计孔板(下)

技术要求
表面发黑。

计孔板(下)	序号	37	比例	1:1
	数量	1	材料	Q235

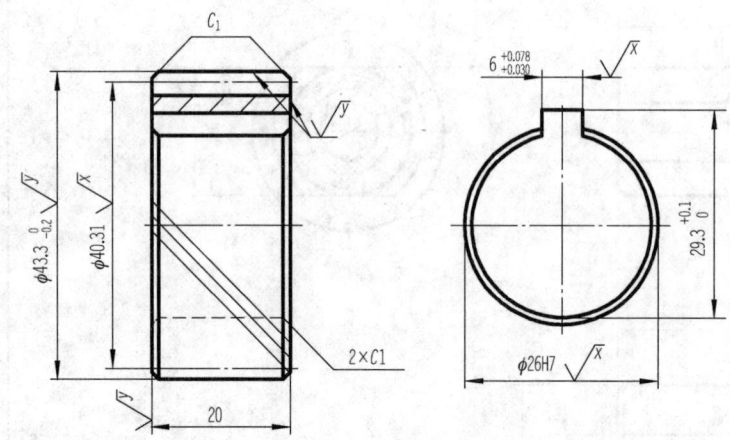

技术要求
齿部高频淬火HRC40~45。

法向模数	m_n	1.5		
齿数	Z_2	19		
齿形角	α	$86.1^{\ 0}_{\ -0.22}$		
螺旋方向		右		
螺旋角	β	45°		
精度等级		9FH GB/T 10095—2008		
配偶齿轮	件号	42		
	齿数	Z_1	19	
公法线长度	W_k	11.470		
跨齿数	K	3		

螺旋齿轮	序号	41	比例	1:1
	数量	1	材料	45

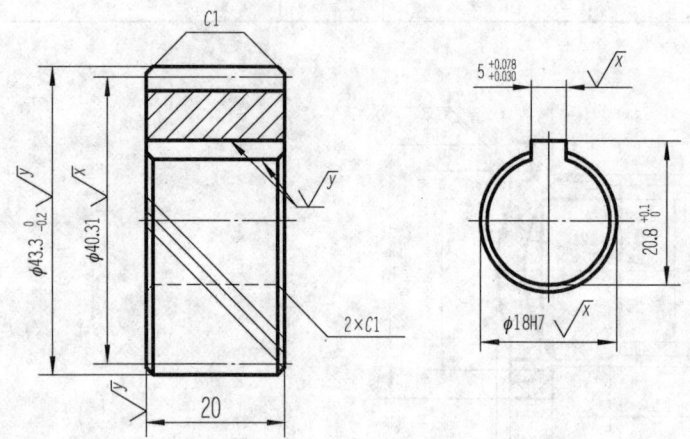

技术要求
齿部高频淬火HRC40~45。

法向模数	m_n	1.5		
齿数	Z_1	19		
齿形角	α	$86.1°^{\ 0}_{\ -0.22}$		
螺旋方向		右		
螺旋角	β	45°		
精度等级		9FH GB/T 10095—2008		
配偶齿轮	件号	42		
	齿数	Z_2	19	
公法线长度	W_k	11.470		
跨齿数	K	3		

螺旋齿轮	序号	42	比例	1:1
	数量	1	材料	45

压紧环(乙)

R10

220
13 90 100

2

35

37

φ180
φ150H7
φ154
φ162

φ12H8

⊥ φ0.02 B

B

Ra 1.6

32
29

20

2
12
16

φ14
⊥ φ25 ▽2

A
游标尺寸在11°内刻
12等分,每格读数5'

30°
11°
35°
45°
40°

(φ150)
R80
φ168
(φ180)

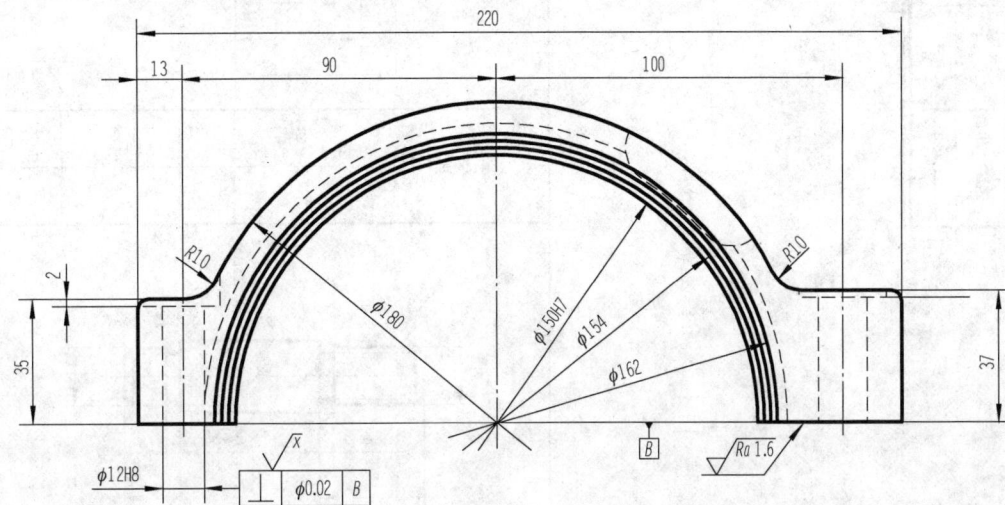

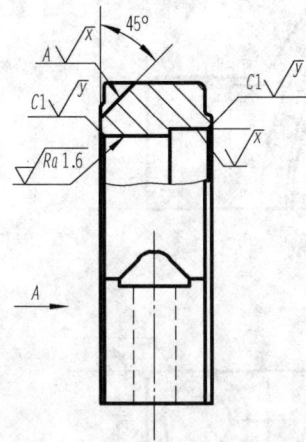

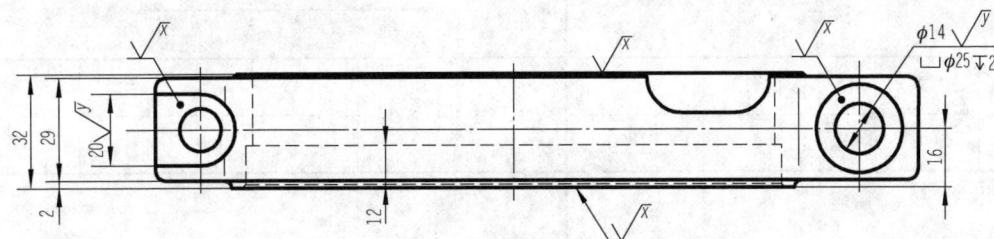

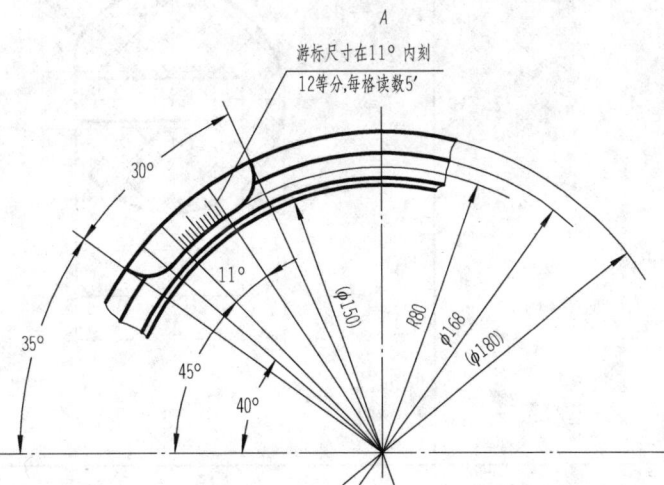

技术要求
1. A面及φ150H7与零件1配作;
2. 时效处理,未注圆角R2~R3。

√x = √Ra 3.2
√y = √Ra 6.3
∅√Ra 50 (√)

A
45°
C1
y
C1
y
x

Ra 1.6

压紧环(乙)	序号	43	比例	1:2
	数量	1	材料	HT200

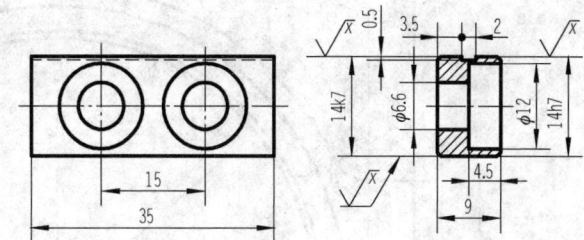

0.5 3.5 2
14k7
φ6.6
14h7
φ12
4.5
9
15
35

x
x

技术要求
1. 淬火HRC40~45。
2. 未注倒角C1。

√x = √Ra 0.8
√Ra 6.3 (√)

定位键	序号	46	比例	1:1
	数量	2	材料	45

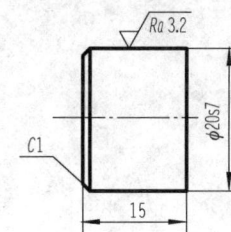

Ra 3.2
φ20.6
C1
15

√Ra 6.3 (√)

塞头	序号	47	比例	1:1
	数量	1	材料	HT200

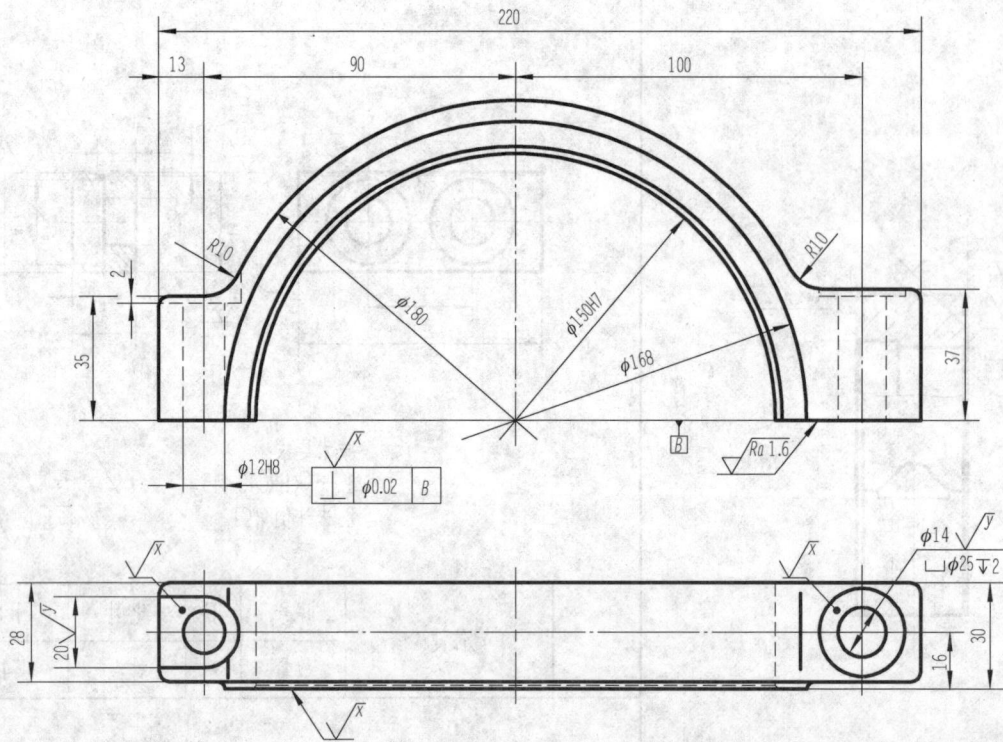

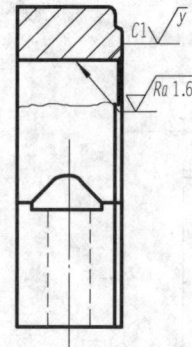

技术要求
1. φ150H7与零件1配作。
2. 时效处理，未注圆角R2~R3。

压紧环(甲)	序号	44	比例	1:2
	数量	1	材料	HT200

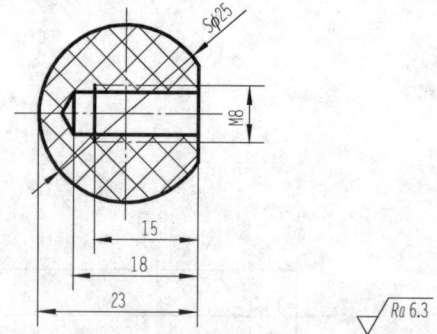

$$\sqrt{}^{x} = \sqrt{}^{Ra\ 3.2}$$
$$\sqrt{}^{y} = \sqrt{}^{Ra\ 6.3}$$
$$\sqrt{}^{Ra\ 25} (\sqrt{})$$

手柄球	序号	48	比例	1:1
	数量	1	材料	胶木

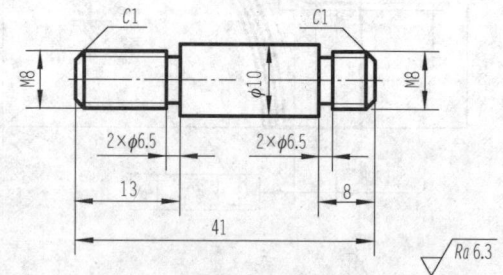

手柄	序号	49	比例	1:1
	数量	1	材料	35

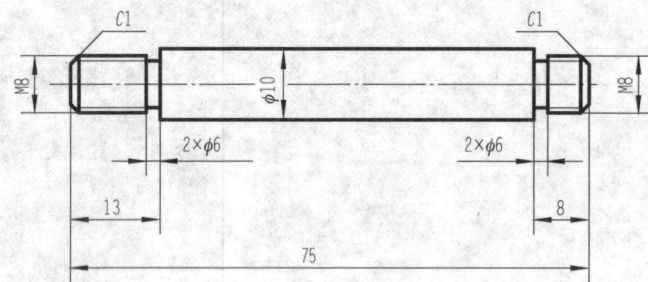

技术要求
φ10表面镀铬。

手柄杆	序号	50	比例	1:1
	数量	1	材料	35

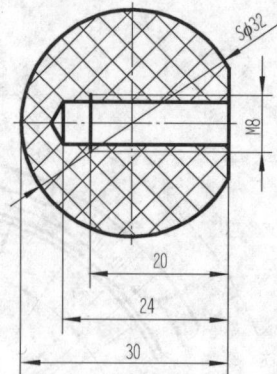

手柄球	序号	51	比例	1:1
	数量	1	材料	胶木

附　录

附表1　普通螺纹的直径与螺距（摘自 GB/T 193—2003）　mm

公称直径 d、D 第一系列	第二系列	第三系列	螺距 P 粗牙	细牙
3			0.5	0.35
	3.5		(0.6)	0.35
4			0.7	0.5
	4.5		(0.75)	0.5
5			0.8	0.5
		5.5		
6	7		1	0.75、(0.5)
8			1.25	1、0.75、(0.5)
		9	(1.25)	1、0.75、(0.5)
10			1.5	1.25、1、0.75、(0.5)
		11	(1.5)	1、0.75、(0.5)
12			1.75	1.5、1.25、1、(0.75)、(0.5)
	14		2	1.5、(1.25)、1、(0.75)、(0.5)
		15		1.5、(1)
16			2	1.5、1、(0.75)、(0.5)
		17		1.5、(1)
20	18		2.5	2、1.5、1、(0.75)、(0.5)
	22		2.5	2、1.5、1、(0.75)、(0.5)
24			3	2、1.5、1、(0.75)
		25	3	2、1.5、(1)
		(26)		1.5
	27		3	2、1.5、1、(0.75)
		(28)		2、1.5、1
30			3.5	(3)、2、1.5、1、(0.75)
	32			2、1.5
		33	3.5	(3)、2、1.5、(1)、(0.75)
	35			(1.5)
36			4	3、2、1.5、(1)
		(38)		1.5
	39		4	3、2、1.5、(1)
		40		(3)、(2)、1.5
42	45		4.5	(4)、3、2、1.5、(1)
48			5	(4)、3、2、1.5、(1)
		50		(3)、(2)、1.5

公称直径 d、D 第一系列	第二系列	第三系列	螺距 P 粗牙	细牙
		52	5	(4)、3、2、1.5、(1)
		55		(4)、(3)、2、1.5
56			5.5	4、3、2、1.5、(1)
		58		(4)、(3)、2、1.5
		60	(5.5)	4、3、2、1.5、(1)
		62		(4)、(3)、2、1.5
64			6	4、3、2、1.5、(1)
		65		(4)、(3)、2、1.5
		68	6	4、3、2、1.5、(1)
		70		(6)、(4)、(3)、2、1.5
72				6、4、3、2、1.5、(1)
		75		(4)、(3)、2、1.5
	76			6、4、3、2、1.5、(1)
		(78)		2
80				6、4、3、2、1.5、(1)
		(82)		2
90	85			6、4、3、2、(1.5)
100	95			
110	105			
125	115			
		120		
	130	135		
140	150	145		
		155		6、4、3、(2)
160	170	165		
180		175		
	190	185		
200		195		
		205		
	210	215		
220		225		
		230		
	240	235		
250		245		6、4、3

续表

公称直径 d、D 第一系列	第二系列	第三系列	螺距 P 粗牙	细牙
		255		
260	265			
		270		6、4、(3)
		275		
280	285			
		290		
300	295			
		310		6、4
320	330			
340	350			

公称直径 d、D 第一系列	第二系列	第三系列	螺距 P 粗牙	细牙
360		370		6、4
400	380	390		
	420	410		
	440	430		
450	460	470		
	480	490		6
500	520	510		
550	540	530		
	560	570		
600	580	590		

注　1. 优先选用第一系列，其次是第二系列，第三系列尽可能不用。

2. M14×1.25 仅用于火花塞；M35×1.5 仅用于滚动轴承锁紧螺母。

3. 括号内的螺距应尽可能不用。

附表2　普通螺纹的基本尺寸（摘自 GB/T 196—2003）

$$D_2 = D - 2 \times \frac{3}{8}H;$$

$$d_2 = d - 2 \times \frac{3}{8}H;$$

$$D_1 = D - 2 \times \frac{5}{8}H;$$

$$d_1 = d - 2 \times \frac{5}{8}H;$$

$$H = \frac{\sqrt{3}}{2}P = 0.866025404P。$$

mm

公称直径 D、d	螺距 P	中径 D_2 或 d_2	小径 D_1 或 d_1	公称直径 D、d	螺距 P	中径 D_2 或 d_2	小径 D_1 或 d_1
1	0.25	0.838	0.729	2	0.4	1.740	1.567
1	0.2	0.870	0.783	2	0.25	1.838	1.729
1.1	0.25	0.938	0.829	2.2	0.45	1.908	1.713
1.1	0.2	0.970	0.883	2.2	0.25	2.038	1.929
1.2	0.25	1.038	0.929	2.5	0.45	2.208	2.013
1.2	0.2	1.070	0.983	2.5	0.35	2.273	2.121
1.4	0.3	1.205	1.075	3	0.5	2.675	2.459
1.4	0.2	1.270	1.183	3	0.35	2.773	2.621
1.6	0.35	1.373	1.221	3.5	(0.6)	3.110	2.850
1.6	0.2	1.470	1.383	3.5	0.35	3.273	3.121
1.8	0.35	1.573	1.421	4	0.7	3.545	3.242
1.8	0.2	1.670	1.583	4	0.5	3.675	3.459

公称直径 D、d	螺距 P	中径 D_2 或 d_2	小径 D_1 或 d_1
4.5	(0.75)	4.013	3.688
4.5	0.5	4.175	3.959
5	0.8	4.480	4.134
5	0.5	4.675	4.459
5.5	0.5	5.175	4.959
6	1	5.350	4.917
6	0.75	5.513	5.188
6	(0.5)	5.675	5.459
7	1	6.350	5.917
7	0.75	6.513	6.188
7	0.5	6.675	6.459
8	1.25	7.188	6.647
8	1	7.350	6.917
8	0.75	7.513	7.188
8	(0.5)	7.675	7.459
9	(1.25)	8.188	7.647
9	1	8.350	7.917
9	0.75	8.513	8.188
9	0.5	8.675	8.459
10	1.5	9.026	8.376
10	1.25	9.188	8.647
10	1	9.350	8.917
10	0.75	9.513	9.188
10	(0.5)	9.675	9.459
11	(1.5)	10.026	9.376
11	1	10.350	9.917
11	0.75	10.513	10.188
11	0.5	10.675	10.459
12	1.75	10.863	10.106
12	1.5	11.026	10.376
12	1.25	11.188	10.647
12	1	11.350	10.917
12	(0.75)	11.513	11.188
12	(0.5)	11.675	11.459
14	2	12.701	11.835
14	1.5	13.026	12.376
14	(1.25)	13.188	12.647

公称直径 D、d	螺距 P	中径 D_2 或 d_2	小径 D_1 或 d_1
14	1	13.350	12.917
14	(0.75)	13.513	13.188
14	(0.5)	13.675	13.459
15	1.5	14.026	13.376
15	(1)	14.350	13.917
16	2	14.701	13.835
16	1.5	15.026	14.376
16	1	15.350	14.917
16	(0.75)	15.513	15.188
16	(0.5)	15.675	15.459
17	1.5	16.026	15.376
17	(1)	16.350	15.917
18	2.5	16.376	15.294
18	2	16.701	15.835
18	1.5	17.026	16.376
18	1	17.350	16.917
18	(0.75)	17.513	17.188
18	(0.5)	17.675	17.459
20	2.5	18.376	17.294
20	2	18.701	17.835
20	1.5	19.026	18.376
20	1	19.350	18.917
20	(0.75)	19.513	19.188
20	(0.5)	19.675	19.459
22	2.5	20.376	19.294
22	2	20.701	19.835
22	1.5	21.026	20.376
22	1	21.350	20.917
22	(0.75)	21.513	21.188
22	(0.5)	21.675	21.459
24	3	22.051	20.752
24	2	22.701	21.835
24	1.5	23.026	22.376
24	1	23.350	22.917
24	(0.75)	23.513	23.188
25	2	23.701	22.835

公称直径 D、d	螺距 P	中径 D_2 或 d_2	小径 D_1 或 d_1
25	1.5	24.026	23.376
25	(1)	24.350	23.917
26	1.5	25.026	24.376
27	3	25.051	23.752
27	2	25.701	24.835
27	1.5	26.026	25.376
27	1	26.350	25.917
27	(0.75)	26.513	26.188
28	2	26.701	25.835
28	1.5	27.026	26.376
28	1	27.350	26.917
30	3.5	27.727	26.211
30	(3)	28.051	26.752
30	2	28.701	27.835
30	1.5	29.026	28.376
30	1	29.350	28.917
30	(0.75)	29.513	29.188
32	2	30.701	29.835
32	1.5	31.026	30.376
33	3.5	30.727	29.211
33	(3)	31.051	29.752
33	2	31.701	30.835
33	1.5	32.026	31.376
33	(1)	32.350	31.917
33	(0.75)	32.513	32.188
35	1.5	34.026	33.376
36	4	33.402	31.670
36	3	34.051	32.752
36	2	34.701	33.835
36	1.5	35.026	34.376
36	(1)	35.350	34.917
38	1.5	37.026	36.376
39	4	36.402	34.670
39	3	37.051	35.752
39	2	37.701	36.835
39	1.5	38.026	37.376
39	(1)	38.350	37.917

公称直径 D、d	螺距 P	中径 D_2 或 d_2	小径 D_1 或 d_1
40	(3)	38.051	36.752
40	(2)	38.701	37.835
40	1.5	39.026	38.376
42	4.5	39.077	37.129
42	(4)	39.402	37.670
42	3	40.051	38.752
42	2	40.701	39.835
42	1.5	41.026	40.376
42	(1)	41.350	40.917
45	4.5	42.077	40.129
45	(4)	42.402	40.670
45	3	43.051	41.752
45	2	43.701	42.835
45	1.5	44.026	43.376
45	(1)	44.350	43.917
48	5	44.752	42.587
48	(4)	45.402	43.670
48	3	46.051	44.752
48	2	46.701	45.835
48	1.5	47.026	46.376
48	(1)	47.350	46.917
50	(3)	48.051	46.752
50	(2)	48.701	47.835
50	1.5	49.026	48.376
52	5	48.752	46.587
52	(4)	49.402	47.670
52	3	50.051	48.752
52	2	50.701	49.835
52	1.5	51.026	50.376
52	(1)	51.350	50.917
55	(4)	52.402	50.670
55	(3)	53.051	51.752
55	2	53.701	52.835
55	1.5	54.026	53.376
56	5.5	52.428	50.046

附表3　　紧固件——螺栓和螺钉通孔（摘自 GB/T 5277—1985）及
沉头座（摘自 GB/T 152.4—1988）尺寸　　　　　　　mm

螺纹规格 d		M3	M4	M5	M6	M8	M10	M12	M14	M16	M18	M20
通孔直径 (d_h)	精装配	3.2	4.3	5.3	6.4	8.4	10.5	13	15	17	19	21
	中等装配	3.4	4.5	5.5	6.6	9	11	13.5	15.5	17.5	20	22
	粗装配	3.6	4.8	5.8	7	10	12	14.5	16.5	18.5	21	24
沉头座尺寸 用于六角头螺栓	D（六角头）	9	11	12	15	20	24	26	30	32	36	40
沉头座尺寸 用于带垫圈的六角螺母	D	8	11	12	15	20	24	28	32	34	38	42
沉头座尺寸 用于沉头螺钉	D	7	9	11	13	17	21	25	28	32	36	40
沉头座尺寸 用于圆柱头螺钉	D	6	8.5	10	12	15	18	22	25	28	32	35
	H_1	2.4	3	3.5	4.5	6	7	8	9	10	11	12

螺纹规格 d		M3	M4	M5	M6	M8	M10	M12	M14	M16	M18	M20
通孔直径 (d_h)	精装配	3.2	4.3	5.3	6.4	8.4	10.5	13	15	17	19	21
	中等装配	3.4	4.5	5.5	6.6	9	11	13.5	15.5	17.5	20	22
	粗装配	3.6	4.8	5.8	7	10	12	14.5	16.5	18.5	21	24
沉头座尺寸 用于圆柱头螺钉	D	6	8.5	10	12	15	18	22	25	28	32	35
	H	1.9	2.5	3	3.5	5	6	7	8	9	10	11

附表4　　粗牙螺栓、螺钉的拧入深度和螺纹孔尺寸　　　　mm

D(d)	用于钢或青铜				用于铸铁				用于铝			
	H	L_1	L_2	L_3	H	L_1	L_2	L_3	H	L_1	L_2	L_3
6	8	6	10	12	12	10	14	16	22	19	24	28
8	10	8	12	16	15	12	16	20	25	22	26	34
10	12	10	16	19	18	15	20	24	36	28	34	42
12	15	12	18	24	22	18	24	28	38	32	38	48
14	18	14	22	26	24	20	28	32	42	36	44	52
16	20	16	24	28	26	22	30	34	50	42	50	58
18	22	18	28	34	30	25	35	40	55	46	56	65
20	24	20	30	36	32	23	38	44	60	52	62	70
22	26	22	32	38	36	30	40	46	65	58	68	80
24	30	24	36	42	42	35	48	54	75	65	78	90
27	32	27	40	45	45	38	50	56	80	70	82	95
30	36	30	44	52	48	42	56	62	90	80	94	105
36	42	36	52	60	55	50	66	74	105	90	106	125
42	48	42	60	70	65	58	76	86	115	105	128	140
48	55	48	70	75	75	65	85	95	130	120	140	155
56	68	56	78	90	90	78	100	112	170	145	168	180

| 附表 5 | 双 头 螺 柱 | | 附表 6 | 六角头螺栓 (摘自 GB/T 5780—2000) |

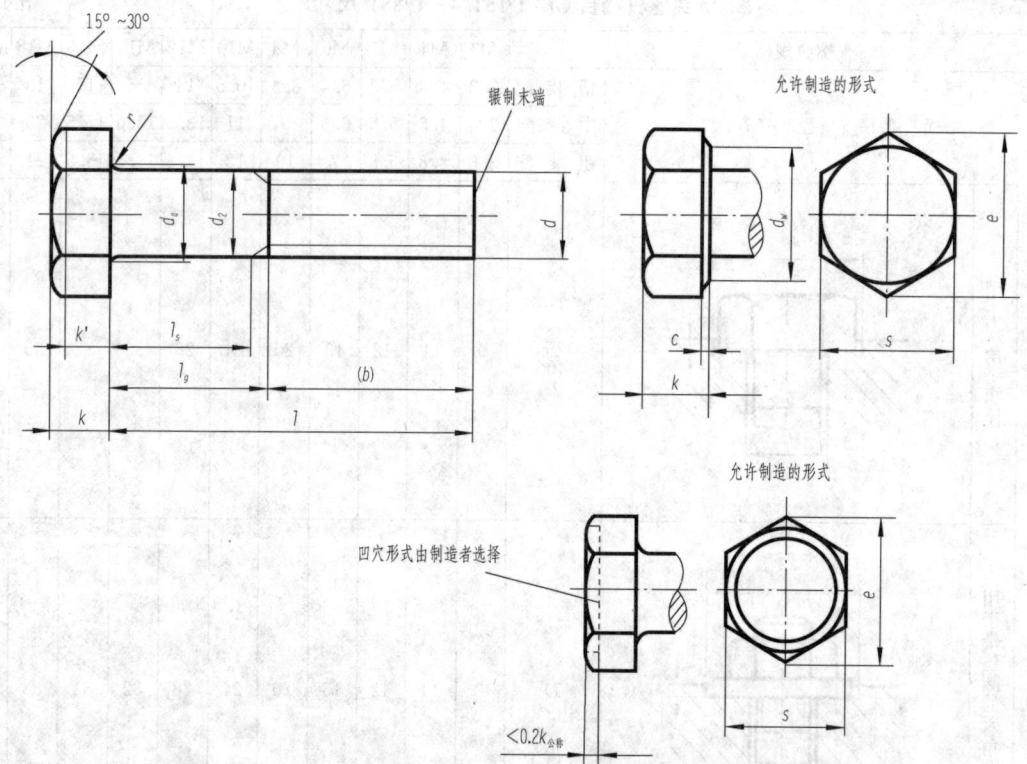

左：附表 5 双头螺柱

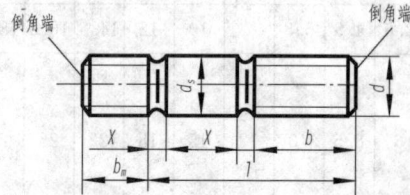

$b_m=1d$（摘自 GB/T 897—1988）　　　$b_m=1.25d$（摘自 GB/T 898—1988）
$b_m=1.5d$（摘自 GB/T 899—1988）　　　$b_m=2d$（摘自 GB/T 900—1988）

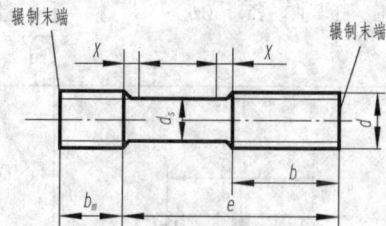

末端按 GB/T 2 的规定；$d_s \approx$ 螺纹中径（仅适用于 B 型）

标记示例

两端均为粗牙普通螺纹，$d=10$mm、$l=50$mm、性能等级为 4.8 级、不经表面处理、B 型、$b_m=1d$ 的双头螺柱

螺柱　GB/T 897 M10×50

旋入机件一端为粗牙普通螺纹，旋螺母一端为螺距 $P=1$mm 的细牙普通螺纹，$d=10$mm、$l=50$mm、性能等级为 4.8 级、不经表面处理、A 型、$b_m=1d$ 的双头螺柱

螺柱　GB/T 897 AM10—M10×1×50

mm

螺纹规格 d	b_m (公称)				l/b
	GB/T 897 —1988	GB/T 898 —1988	GB/T 899 —1988	GB/T 900 —1988	
M2			3	4	12~16/6、20~25/10
M2.5			3.5	5	16/8、20~30/11
M3			4.5	6	16~20/6、25~40/12
M4			6	8	16~20/8、25~40/14
M5	5	6	8	10	16~20/10、25~50/16
M6	6	8	10	12	20/10、25~30/14、35~70/18
M8	8	10	12	16	20/12、25~30/16、35~90/22
M10	10	12	15	20	25/14、30~35/16、40~120/26、130/32
M12	12	15	18	24	25~30/16、35~40/20、45~120/30、130~180/36
M16	16	20	24	32	30~35/20、40~50/30、60~120/38、130~200/44
M20	20	25	30	40	35~40/25、45~60/35、70~120/46、130~200/52
M24	24	30	36	48	45~50/30、60~70/45、80~120/54、130~200/60
M30	30	38	45	60	60/40、70~90/50、100~200/66、130~200/72、210~250/85
M36	36	45	54	72	70/45、80~110/160、120/78、130~200/84、210~300/97
M42	42	50	63	84	70~80/50、90~110/70、120/90、130~200/96、210~300/109
M48	48	60	72	96	80~90/60、100~110/80、120/102、130~200/108、210~300/121
l（系列）	12、16、20、25、30、35、40、45、50、60、70、80、90、100、110、120、130、140、150、160、170、180、190、200、210、220、230、240、250、260、280、300				

右：附表 6 六角头螺栓 (摘自 GB/T 5780—2000)

标记示例：螺纹规格 $d=$M12，公称长度 $l=80$mm、性能等效为 4.8 级、不经表面处理、C 级的六角头螺栓

螺栓 GB/T 5780—2000—M12×80

mm

螺纹规格 d		M5	M6	M8	M10	M12
b 参考	$l \leqslant 125$	16	18	22	26	30
	$125 < l \leqslant 200$	—	—	28	32	36
	$l > 200$	—	—	—	—	—
c	max	0.5	0.5	0.6	0.6	0.6
d_a	max	6	7.2	10.2	12.2	14.7
d_s	max	5.48	6.48	8.58	10.58	12.7
	min	4.52	5.52	7.42	9.42	11.3
d_w	min	6.7	8.7	11.4	14.4	16.4
e	min	8.63	10.89	14.20	17.59	19.85
k	公称	3.5	4	5.3	6.4	7.5
	min	3.12	3.62	4.92	5.95	7.05
	max	3.88	4.38	5.68	6.85	7.95
k'	min	2.2	2.5	3.45	4.2	4.95

螺纹规格 d		M5	M6	M8	M10	M12
r	min	0.2	0.25	0.4	0.4	0.6
s	max	8	10	13	16	18
	min	7.64	9.64	12.57	15.57	17.57

无螺纹杆部长度 l_s 和夹紧长度 l_g

l 公称	min	max	M5 l_s min	M5 l_g max	M6 l_s min	M6 l_g max	M8 l_s min	M8 l_g max	M10 l_s min	M10 l_g max	M12 l_s min	M12 l_g max
25	23.9	26.1	5	9								
30	28.9	31.1	10	14	7	12						
35	33.7	36.3	15	19	12	17	6.75	13				
40	38.7	41.3	20	24	17	22	11.75	18	6.5	14		
45	43.7	46.3	25	29	22	27	16.75	23	11.5	19	6.25	15
50	48.7	51.3	30	34	27	32	21.75	28	16.5	24	11.25	20
(55)	53.5	56.5			32	37	26.75	33	21.5	29	16.25	25
60	58.5	61.5			37	42	31.75	38	26.5	34	21.25	30
(65)	63.5	66.5					36.75	43	31.5	39	26.25	35
70	68.5	71.5					41.75	48	36.5	44	31.25	40
80	78.5	81.5					51.75	58	46.5	54	41.25	50
90	88.3	91.7							56.5	64	51.25	60
100	98.3	101.7							66.5	74	61.25	70
110	108.3	111.7									71.25	80
120	118.3	121.7									81.25	90
130	128	132										
140	138	142										
150	148	152										
160	156	164										
180	176	184										
200	195.4	204.6										
220	215.4	224.6										
240	235.4	244.6										
260	254.8	265.2										
280	274.8	285.2										
300	294.8	305.2										

注 1. 尽可能不采用括号内的规格。
　　2. 折线之间为商品规格范围。

附表7　　六角头螺栓（摘自 GB/T 5782—2000）

六角头螺栓—A级和B级
（摘自 GB 5782—2000）

六角头螺栓—全螺纹—A级和B级
（摘自 GB 5783—2000）

标记示例：螺纹规格 d＝M12，公称长度 l＝80mm，性能等级为 8.8 级，表面氧化，A 级的六角头螺栓

螺栓 GB/T 5782—2000—M12×80

若为全螺纹，则为　　螺栓 GB 5783—1986—M12×80

mm

螺纹规格 d		M3	M4	M5	M6	M8	M10	M12	M16	M20	M24	M30	M36
e_{min} 产品等级	A	6.07	7.66	8.79	11.05	14.38	17.77	20.03	26.75	33.53	39.98	50.85	60.79
	B	—	—	8.63	10.89	14.20	17.59	19.85	26.17	32.95	39.55		
s_{max}＝公称		5.5	7	8	10	13	16	18	24	30	36	46	55
k 公称		2	2.8	3.5	4	5.3	6.4	7.5	10	12.5	15	18.7	22.5
c	max	0.4	0.4	0.5	0.5	0.6	0.6	0.6	0.8	0.8	0.8	0.8	0.8
	min	0.15	0.15	0.15	0.15	0.15	0.15	0.15	0.2	0.2	0.2	0.2	0.2
d_w min 产品等级	A	4.6	5.9	6.9	8.9	11.6	14.6	16.6	22.5	28.2	33.6	42.7	51.1
	B	—	—	6.7	8.7	11.4	14.4	16.4	22	27.7	33.2		
GB 5782—2000 b 参考	l≤125	12	14	16	18	22	26	30	38	46	54	66	78
	125<l≤200	—	—	—	—	28	32	36	44	52	60	72	84
	l>200	—	—	—	—	—	—	—	57	65	73	85	97
	l 公称	20~30	25~40	25~50	30~60	35~80	40~100	45~120	55~160	65~200	80~240	90~300	110~360
GB 5783—2000	a_{max}	1.5	2.1	2.4	3	3.75	4.5	5.25	6	7.5	9	10.5	12
	l 公称	6~30	8~40	10~50	12~60	16~80	20~100	25~100	35~100	40~100	40~100	40~100	40~100

注　1. d_w 表示支承面直径；l_g 表示最末一扣完整螺纹到支承面的距离；l_s 表示无螺纹杆部的长度。
　　2. 本表仅摘录画装配图所需尺寸。A 级用于 d≤24 和 l≤10d 或 l≤150mm 的螺栓，B 级用于 d＞24 或 l＞10d 或 l＞150mm 的螺栓。
　　3. 六角头螺栓—C 级，细牙六角头螺栓及其他形式的螺栓请查阅相应的标准。
　　4. 在 GB 5782—2000 中，螺纹规格 d＝M30 和 M36 的 A 级产品，e、d_w 无数值。
　　5. 螺栓 l 的长度系列为：6、8、10、12、16、20、25、30、35、40、45、50、55、60、65、70~160（10 进位）、180~360（20 进位）。其中 55、65 的螺栓因不是优化数值，在上述两个标准中有时加括弧以示尽可能不用，有时又未加括弧。情况比较复杂，未便一一说明。在使用这两个尺寸时，请查阅原标准。
　　6. 无螺纹部分的杆部直径可按螺纹大径画出或按≈中径绘制。螺钉、螺柱同。
　　7. 末端倒角可画成 45°，端面直径≤螺纹小径。

开槽圆柱头螺钉(摘自GB/T 65—2008)　　　　　开槽盘头螺钉(摘自GB/T 67—2008)

开槽沉头螺钉(摘自GB/T 68—2000)

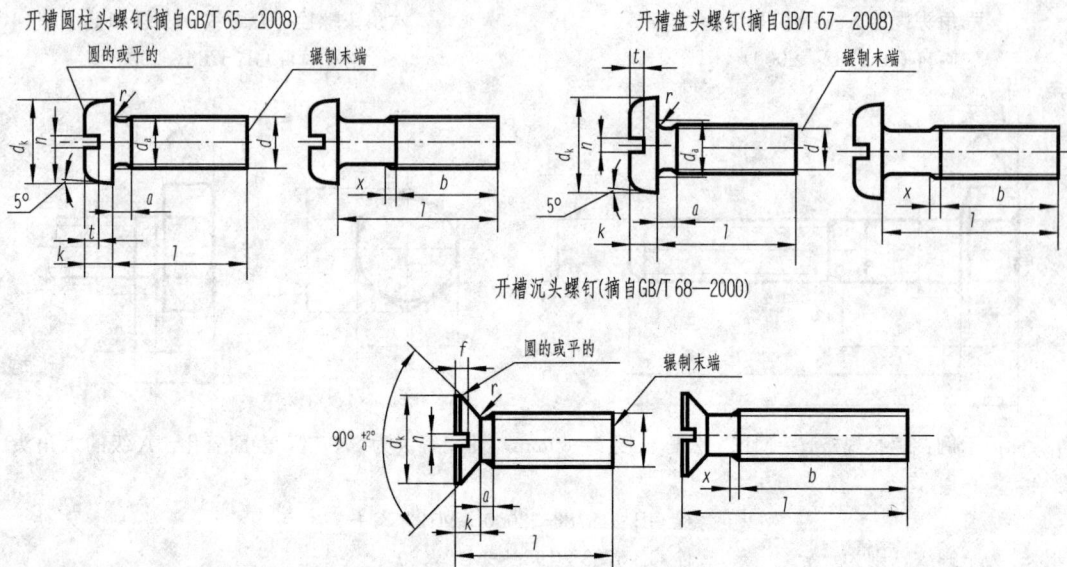

标记示例：螺纹规格 $d=$ M5，公称长度 $l=20$mm，性能等级为 4.8 级，不经表面处理的开槽圆柱头螺钉

螺钉　GB/T 65—2000—M5×20

mm

螺 纹 规 格 d			M3	M4	M5	M6	M8	M10
a	max		1	1.4	1.6	2	2.5	3
b	min		25	38	38	38	38	38
x	max		1.25	1.75	2	2.5	3.2	3.8
n	公称		0.8	1.2	1.2	1.6	2	2.5
GB 65—2000	d_k	max	—	7	8.5	10	13	16
		min	—	6.78	8.28	9.78	12.73	15.73
	k	max	—	2.6	3.3	3.9	5	6
		min	—	2.45	3.1	3.6	4.7	5.7
	t	min		1.1	1.3	1.6	2	2.4
GB 67—2000	d_k	max	5.6	8	9.5	12	16	20
		min	5.3	7.64	9.14	11.57	15.57	19.48
	k	max	1.8	2.4	3	3.6	4.8	6
		min	1.6	2.2	2.8	3.3	4.5	5.7
	t	min	0.7	1	1.2	1.4	1.9	2.4
GB 65—2000	r	min	0.1	0.2	0.2	0.25	0.4	0.4
	d_a	max	3.6	4.7	5.7	6.8	9.2	11.2
GB 67—2000	$\dfrac{l}{b}$		$\dfrac{4\sim30}{l-a}$	$\dfrac{5\sim40}{l-a}$	$\dfrac{6\sim40}{l-a}$, $\dfrac{45\sim50}{b}$	$\dfrac{8\sim40}{l-a}$, $\dfrac{45\sim60}{b}$	$\dfrac{10\sim40}{l-a}$, $\dfrac{45\sim80}{b}$	$\dfrac{12\sim40}{l-a}$, $\dfrac{45\sim80}{b}$

螺 纹 规 格 d			M3	M4	M5	M6	M8	M10
GB 68—2000	d_k	理论值　max	6.3	9.4	10.4	12.6	17.3	20
		实际值　max	5.5	8.4	9.3	11.3	15.8	18.3
		min	5.2	8	8.9	10.9	15.4	17.8
	k	max	1.65	2.7	2.7	3.3	4.65	5
	r	max	0.8	1	1.3	1.5	2	2.5
	t	min	0.6	1	1.1	1.2	1.8	2
		max	0.85	1.3	1.4	1.6	2.3	2.6
	$\dfrac{l}{b}$		$\dfrac{5\sim30}{l-(k+a)}$	$\dfrac{6\sim40}{l-(k+a)}$	$\dfrac{8\sim45}{l-(k+a)}$, $\dfrac{50}{b}$	$\dfrac{8\sim45}{l-(k+a)}$, $\dfrac{50\sim60}{b}$	$\dfrac{10\sim45}{l-(k+a)}$, $\dfrac{50\sim80}{b}$	$\dfrac{12\sim45}{l-(k+a)}$, $\dfrac{50\sim80}{b}$

注　1. 表中形式（4～30）/（$l-a$）表示全螺纹，其余同。
　　2. 螺钉的长度系列 l 为：4，5，6，8，10，12，（14），16，20，25，30，35，40，45，50，（55），60，（65），70，（75），80，尽可能不采用括号内的规格。
　　3. d_a 表示过渡圆直径。
　　4. 无螺纹部分杆径≈中径或＝螺纹大径。

附表9　　　　内六角圆柱头螺钉（摘自 GB/T 70.1—2000）

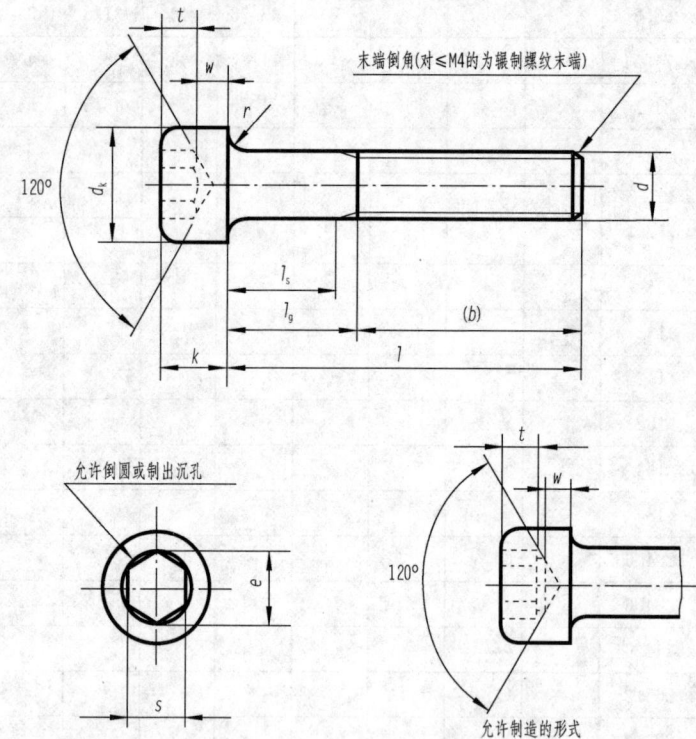

标记示例：螺纹规格 $d=$ M5，公称长度 $l=20$mm，性能等级为 8.8 级，表面氧化的内六角圆柱头螺钉

螺钉　GB/T 70.1—2000—M5×20

附表10　　　　　　紧定螺钉

开槽锥端紧定螺钉（摘自 GB/T 71—1985）　　开槽平端紧定螺钉（摘自 GB/T 73—1985）　　开槽长圆柱端紧定螺钉（摘自 GB/T 75—1985）

mm

螺纹规格 d		M4	M5	M6	M8	M10	M12	M16	M20	M24	M30
b	参考	20	22	24	28	32	36	44	52	60	72
d_k	max*	7	8.5	10	13	16	18	24	30	36	45
	max**	7.22	8.72	10.22	13.27	16.27	18.27	24.33	30.33	36.39	45.39
	min	6.78	8.28	9.78	12.73	15.73	17.73	23.67	29.67	35.61	44.61
k	max	4	5	6	8	10	12	16	20	24	30
	min	3.82	4.82	5.70	7.64	9.64	11.57	15.57	19.48	23.48	29.48
t	min	2	2.5	3	4	5	6	8	10	12	15.5
s	公称	3	4	5	6	8	10	14	17	19	22
e	min	3.44	4.58	5.72	6.86	9.15	11.43	16.00	19.44	21.73	25.15
w	min	1.4	1.9	2.3	3.3	4	4.8	6.8	8.6	10.4	13.1
r	min	0.2		0.25		0.4		0.6		0.8	1
l	***	6~25	8~25	10~30	12~35	(16)~40	20~45	25~(55)	30~(65)	40~80	45~90
	****	30~40	30~50	35~60	40~80	45~100	50~120	60~160	70~200	90~200	100~200

注　l 的长度系列为：6，8，10，12，(14)，(16)，20，25，30，35，40，45，50，(55)，60，(65)，70，80，90，100，110，120，130，140，150，160，180，200。

* 光滑头部。

** 滚花头部。

*** 杆部螺纹制到距头部 3P（螺距）以内。

**** $l_{gmax}=l$ 公称$-b$ 参考；$l_{smin}=l_{max}-5P$（螺距），l_g 表示最末一扣完整螺纹到支承面的距离；l_s 表示无螺纹杆部长度。

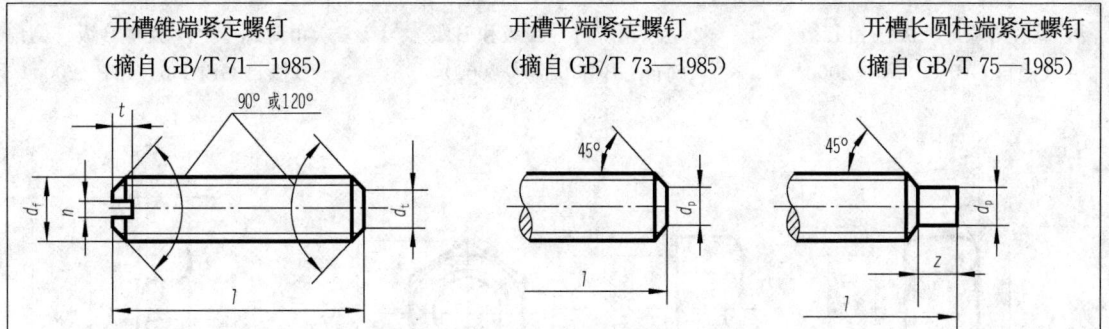

标记示例：螺纹规格 d＝M5，公称长度 l＝12mm，性能等级为12H级，表面氧化的开槽锥端紧定螺钉
螺钉　GB/T 71—1985—M5×12

mm

螺 纹 规 格 d			M2	M2.5	M3	M4	M5	M6	M8	M10	M12
d_f≈或 max						螺 纹 小 径					
n 公 称			0.25	0.4	0.4	0.6	0.8	1	1.2	1.6	2
t		min	0.64	0.72	0.8	1.12	1.28	1.6	2	2.4	2.8
		max	0.84	0.95	1.05	1.42	1.63	2	2.5	3	3.6
GB 71—1985	d_t	min	—	—	—	—	—	—	—	—	—
		max	0.2	0.25	0.3	0.4	0.5	1.5	2	2.5	3
	l		3~10	3~12	4~16	6~20	8~25	8~30	10~40	12~50	(14)~60
GB 73—1985 GB 75—1985	d_p	min	0.75	1.25	1.75	2.25	3.2	3.7	5.2	6.64	8.14
		max	1	1.5	2	2.5	3.5	4	5.5	7	8.5
GB 73—1985	l	120°	2~2.5	2.5~3	3	4	5	6	—	—	—
		90°	3~10	4~12	4~16	5~20	6~25	8~30	8~40	10~50	12~60
GB 75—1985	z	min	1	1.25	1.5	2	2.5	3	4	5	6
		max	1.25	1.5	1.75	2.25	2.75	3.25	4.3	5.3	6.3
	l	120°	3	4	5	6	8	8~10	10~(14)	12~16	(14)~20
		90°	4~10	5~12	6~16	8~20	10~25	12~30	16~40	20~50	25~60

注　1. 在 GB/T 71—1985 中，当 d＝M2.5，l＝3mm 时，螺钉两端的倒角均为120°。

2. n（不完整螺纹的长度）≤2P（螺距）。

3. 尽可能不采用括号的规格。

1 型六角螺母—A 级和 B 级（摘自 GB/T 6170—2000）　　2 型六角螺母—A 级和 B 级（摘自 GB/T 6175—2000）　　六角薄螺母—A 级和 B 级—倒角（摘自 GB/T 6172.1—2000）

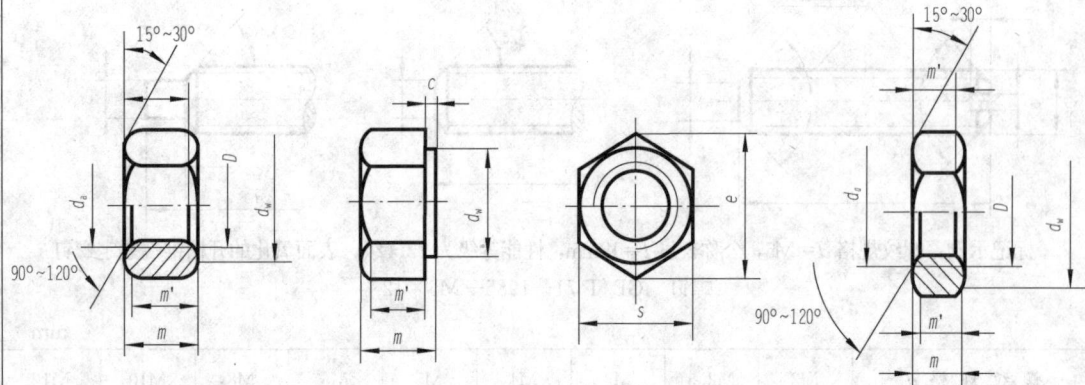

标记示例：螺纹规格 D＝M12，性能等级为 10 级，不经表面处理，A 级的六角螺母

1 型　螺母 GB/T 6170—2000—M12
2 型　螺母 GB/T 6175—2000—M12
薄螺母，倒角　螺母 GB/T 6172—2000—M12

mm

螺纹规格 D		M3	M4	M5	M6	M8	M10	M12	M16	M20	M24	M30	M36
e	min	6.01	7.66	8.79	11.05	14.38*	17.77	20.03	26.75	32.95	39.55	50.85	60.79
s	max	5.5	7	8	10	13	16	18	24	30	36	46	55
	min	5.32	6.78	7.78	9.78	12.73	15.73	17.73	23.67	29.16	35	45	53.8
c	max	0.4	0.4	0.5	0.5	0.6	0.6	0.6	0.8	0.8	0.8	0.8	0.8
d_w	min	4.6	5.9	6.9	8.9	11.6	14.6	16.6	22.5	27.7	33.2	42.7	51.1
d_a	max	3.45	4.6	5.75	6.75	8.75	10.8	13	17.3	21.6	25.9	32.4	38.9
GB/T 6170—2000 m	max	2.4	3.2	4.7	5.2	6.8	8.4	10.8	14.8	18	21.5	25.6	31
	min	2.15	2.9	4.4	4.9	6.44	8.04	10.37	14.1	16.9	20.2	24.3	29.4
GB/T 6172.1—2000 m	max	1.8	2.2	2.7	3.2	4	5	6	8	10	12	15	18
	min	1.55	1.95	2.45	2.9	3.7	4.7	5.7	7.42	9.10	10.9	13.9	16.9
GB/T 6175—2000 m	max	—	—	5.1	5.7	7.5	9.3	12	16.4	20.3	23.9	28.6	34.7
	min	—	—	4.8	5.4	7.14	8.94	11.57	15.7	19	22.6	27.3	33.1

* 14.38 在 GB/T 6172—2000 中为 14.28。

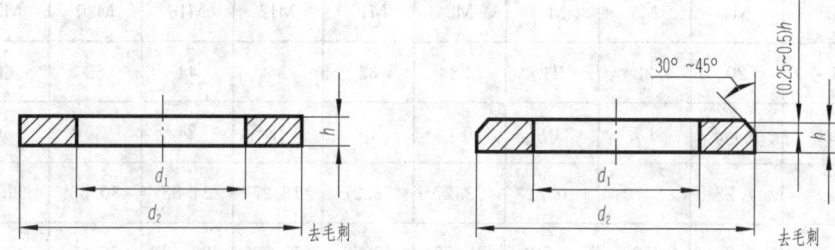

标记示例：标准系列、公称尺寸 d＝8mm、性能等级为 140HV 级、不经表面处理的平垫圈
垫圈 GB/T 97.1—2002 8—140HV

mm

公称尺寸（螺纹规格）d			1.6	2	2.5	3	4	5	6	8	10	12	14	16	20	24	30	36
d_1 内径	max	GB/T 848—2002	1.84	2.34	2.84	3.38	4.48	5.48	6.62	8.62	10.77	13.27	15.27	17.27	21.33	25.33	31.33	37.62
		GB/T 97.1—2002	1.84	2.34	2.84	3.38	4.48	5.48	6.62	8.62	10.77	13.27	15.27	17.27	21.33	25.33	31.33	37.62
		GB/T 97.2—2002	—	—													31.39	
		GB/T 96.1—2002	—	—		3.38	4.48								22.52	26.84	34	40
	公称 min	GB/T 848—2002	1.7	2.2	2.7	3.2	4.3	5.3	6.4	8.4	10.5	13	15	17	21	25	31	37
		GB/T 97.1—2002	1.7	2.2	2.7	3.2	4.3	5.3	6.4	8.4	10.5	13	15	17	21	25	31	37
		GB/T 97.2—2002																
		GB/T 96.1—2002	—	—		3.2	4.3								22	26	33	39
d_2 内径	公称 max	GB/T 848—2002	3.5	4.5	5	6	8	9	11	15	18	20	24	28	34	39	50	60
		GB/T 97.1—2002	4	5	6	7	9	10	12	16	20	24	28	30	37	44	56	66
		GB/T 97.2—2002																
		GB/T 96.1—2002	—	—		9	12	15	18	24	30	37	44	50	60	72	92	110
	min	GB/T 848—2002	3.2	4.2	4.7	5.7	7.64	8.64	10.57	14.57	17.57	19.48	23.48	27.48	33.38	38.38	49.38	58.8
		GB/T 97.1—2002	3.7	4.7	5.7	6.64	8.64	9.64	11.57	15.57	19.48	23.48	27.48	29.48	36.38	43.38	55.26	64.8
		GB/T 97.2—2002																
		GB/T 96.1—2002	—	—		8.64	11.57	14.57	17.57	23.48	29.48	36.38	43.38	49.38	58.1	70.1	89.8	107.8
h 厚度	公称 max	GB/T 848—2002	0.3	0.3	0.5	0.5	0.5	1	1.6	1.6	1.6	2		2.5				
		GB/T 97.1—2002	0.3	0.3	0.5	0.5	0.8	1	1.6	1.6	2	2.5	2.5	3	3	4	4	5
		GB/T 97.2—2002									2.2	2.7		3.3				
		GB/T 96.1—2002	—	—		0.8	1	1.2	1.6	2	2.5	3	3	3	4	5	6	8
	max	GB/T 848—2002	0.35	0.35	0.55	0.55	0.55	1.1	1.8	1.8	1.8	2.2		2.7				
		GB/T 97.1—2002	0.35	0.35	0.55	0.55	0.9	1.1	1.8	1.8	2.2	2.7		2.7	3.3			
		GB/T 97.2—2002									2.2	2.7		3.3				
		GB/T 96.1—2002	—	—		0.9	1.1	1.4	1.8	2.3	2.7	3.3	3.3	3.3	4.6	6	7	9.2
	min	GB/T 848—2002	0.25	0.25	0.45	0.45	0.45	0.9	1.4	1.4	1.4	1.8		2.3				
		GB/T 97.1—2002	0.25	0.25	0.45	0.45	0.7	0.9	1.4	1.4	1.8	2.3		2.3	2.7	3.7	3.7	4.4
		GB/T 97.2—2002									1.8	2.3		2.7				
		GB/T 96.1—2002	—	—		0.7	0.9	1.0	1.4	1.8	2.3	2.7	2.7	2.7	3.4	4	5	6.8

附表 13 标准型弹簧垫圈（摘自 GB/T 93—1987）　轻型弹簧垫圈（摘自 GB/T 859—1987）

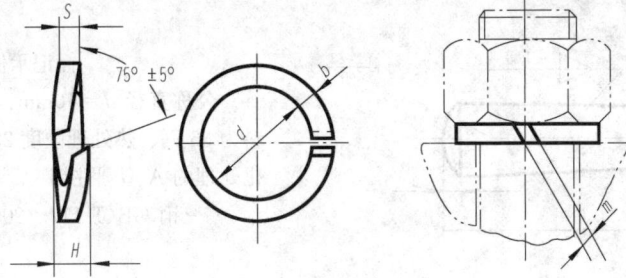

标记示例

规格 16mm、材料为 65Mn、表面氧化的标准型弹簧垫圈

垫圈 GB/T 93—1987　16

mm

规格（螺纹大径）			3	4	5	6	8	10	12	16	20	24	30
d	GB/T 93—1987	min	3.1	4.1	5.1	6.1	8.1	10.2	12.2	16.2	20.2	24.5	30.5
	GB/T 859—1987	max	3.4	4.4	5.4	6.68	8.68	10.9	12.9	16.9	21.04	25.5	31.5
S(b)	GB/T 93—1987	公称	0.8	1.1	1.3	1.6	2.1	2.6	3.1	4.1	5	6	7.5
		min	0.7	1	1.2	1.5	2	2.45	2.95	3.9	4.8	5.8	7.2
		max	0.9	1.2	1.4	1.7	2.2	2.75	3.25	4.3	5.2	6.2	7.8
S	GB/T 895—1987	公称	0.6	0.8	1.1	1.3		2		2.5	3.2	4	6
		min	0.52	0.7	1	1.2		1.9		2.35	3	3.8	5.8
		max	0.68	0.9	1.2	1.4		2.1		2.65	3.4	4.2	6.2
b	GB/T 895—1987	公称	1	1.2	1.5	2	2.5	3	3.5	4.5	5.5	7	9
		min	0.9	1.1	1.4	1.9	2.35	2.85	3.3	4.3	5.3	6.7	8.7
		max	1.1	1.3	1.6	2.1	2.65	3.15	3.7	4.7	5.7	7.3	9.3
H	GB/T 93—1987	min	1.6	2.2	2.6	3.2	4.2	5.2	6.2	8.2	10	12	15
		max	2	2.75	3.25	4	5.25	6.5	7.75	10.25	12.5	15	18.75
	GB/T 895—1987	min	1.2	1.6	2.2	2.6	3.2	4	5	6.4	8	10	12
		max	1.5	2	2.75	3.25	4	5	6.25	8	10	12.5	15
m ≤	GB/T 93—1987		0.4	0.55	0.65	0.8	1.05	1.3	1.55	2.05	2.5	3	3.75
	GB/T 895—1987		0.3	0.4	0.55	0.65	0.8	1	1.25	1.6	2	2.5	3

注 m 应大于零。

附表 14　平键和键槽的剖面尺寸（摘自 GB/T 1095—2003）

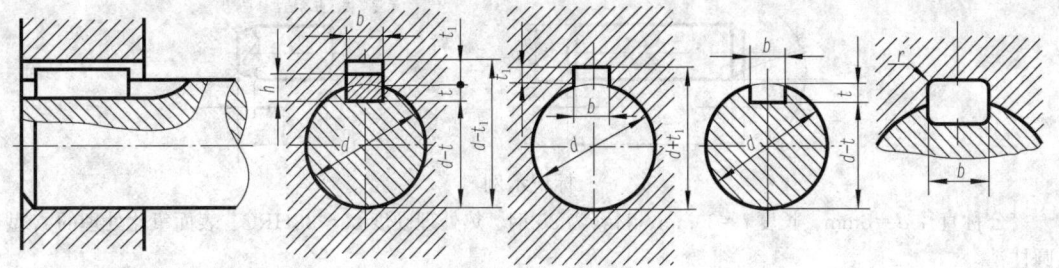

注: 在工作图中，轴槽深用 t 或 $(d-t)$ 标注，轮毂槽深用 $(d+t_1)$ 标注。

mm

轴径 d		6~8	>8~10	>10~12	>12~17	>17~22	>22~30	>30~38	>38~44	>44~50	>50~58	>58~65	>65~75	>75~85	>85~95	>95~110	>110~130
键的公称尺寸	b	2	3	4	5	6	8	10	12	14	16	18	20	22	25	28	32
	h	2	3	4	5	6	7	8	8	9	10	11	12	14	14	16	18
键槽深	轴 t	1.2	1.8	2.5	3.0	3.5	4.0	5.0	5.0	5.5	6.0	7.0	7.5	9.0	9.0	10.0	11.0
	毂 t_1	1.0	1.4	1.8	2.3	2.8	3.3	3.3	3.3	3.8	4.3	4.4	4.9	5.4	5.4	6.4	7.4
半径	r	最小 0.08～最大 0.16		最小 0.16～最大 0.25			最小 0.25～最大 0.40				最小 0.04～最大 0.60						

附表 15　普通平键的形式尺寸（摘自 GB/T 1096—2003）

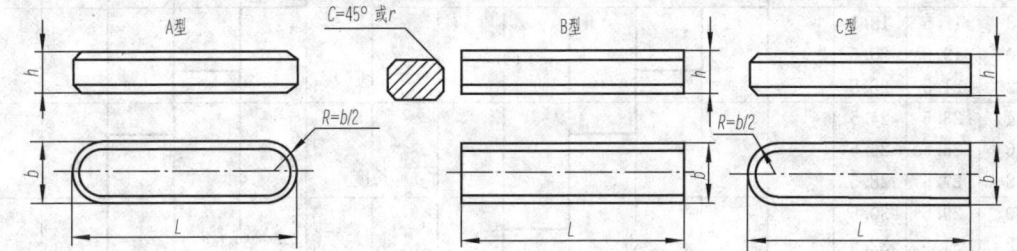

标记示例

圆头普通平键（A 型）b＝18mm，h＝11mm，L＝100mm：键　18×100　GB/T 1096—2003

平头普通平键（B 型）b＝18mm，h＝11mm，L＝100mm：键　B18×100　GB/T 1096—2003

单圆头普通平键（C 型）b＝18mm，h＝11mm，L＝100mm：键　C18×100　GB/T 1096—2003

mm

b	2	3	4	5	6	8	10	12	14	16	18	20	22	25	28	32	36	40	45	50
h	2	3	4	5	6	7	8	8	9	10	11	12	14	14	16	18	20	22	25	28
C 或 r	0.16~0.25		0.25~0.40			0.40~0.60				0.60~0.80							1.0~1.2			
L 范围	6~20	6~36	8~45	10~56	14~70	18~90	22~110	28~140	36~160	45~180	50~200	56~220	63~250	70~280	80~320	90~360	100~400	100~400	110~450	125~500

注 L 系列为 6、8、10、12、14、16、18、20、22、25、28、32、36、40、45、50、56、63、70、80、90、100、110、125、140、160、180、200 等。

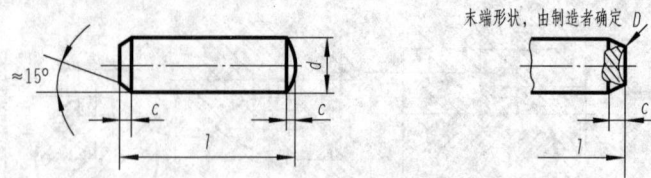

标记示例

公称直径 $d=8$mm、长度 $l=30$mm、材料为 35 钢、热处理硬度 28～38HRC、表面氧化处理的 A 型圆柱销

销 GB/T 119—2000 A8×30

d m6①	1	1.5	2	2.5	3	4	5	6	8	10	12	16	20
c ≈	0.2	0.3	0.35	0.4	0.5	0.63	0.8	1.2	1.6	2	2.5	3	3.5

l②

公称	min	max
3	2.75	3.25
4	3.75	4.25
5	4.75	5.25
6	5.75	6.25
8	7.75	8.25
10	9.75	10.25
12	11.5	12.5
14	13.5	14.5
16	15.5	16.5
18	17.5	18.5
20	19.5	20.5
22	21.5	22.5
24	23.5	24.5
26	25.5	26.5
28	27.5	28.5
30	29.5	30.5
32	31.5	32.5
35	34.5	35.5
40	39.5	40.5
45	44.5	45.5
50	49.5	50.5
55	54.25	55.75
60	59.25	60.75
65	64.25	65.75
70	69.25	70.75
75	74.25	75.75
80	79.25	80.75
85	84.25	85.75
90	89.25	90.75
95	94.25	95.75
100	99.25	100.75

商品　长度　范围

① 其他公差由供需双方协议。

② 公称长度大于 100mm，按 20mm 递增。

圆 锥 销（摘自 GB/T 117—2000）

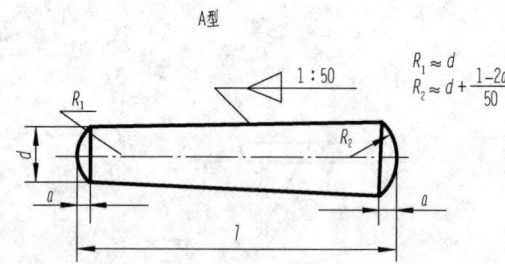

$$R_1 \approx d$$
$$R_2 \approx d + \frac{1-2a}{50}$$

标记示例

公称直径 $d=10$mm、长度 $l=60$mm、材料为 35 钢、热处理硬度 28～38HRC、表面氧化处理的 A 型圆柱销

销 GB/T 117—2000 A10×60

mm

d（公称）	0.6	0.8	1	1.2	1.5	2	2.5	3	4	5
$a\approx$	0.08	0.1	0.12	0.16	0.2	0.25	0.3	0.4	0.5	0.63
l（商品规格范围公称长度）	4～8	5～12	6～16	6～20	8～24	10～35	10～35	12～45	14～55	18～60

d（公称）	6	8	10	12	16	20	25	30	40	50
$a\approx$	0.8	1	1.2	1.6	2	2.5	3	4	5	6.3
l（商品规格范围公称长度）	22～90	22～120	26～160	32～180	40～200	45～200	50～200	55～200	60～200	65～200

l 系列	2, 3, 4, 5, 6, 8, 10, 12, 14, 16, 18, 20, 22, 24, 26, 28, 30, 32, 35, 40, 45, 50, 55, 60, 65, 70, 75, 80, 85, 90；95, 100, 120, 140, 160, 180, 200

附表 18　　　　　　　　开 口 销（摘自 GB/T 91—2000）

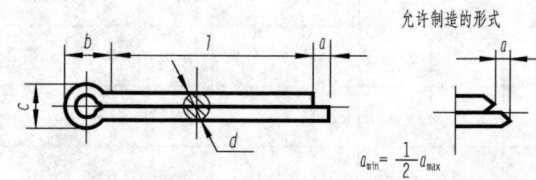

$$a_{min} = \frac{1}{2} a_{max}$$

标记示例

公称直径 $d=5$mm、长度 $l=50$mm、材料为低碳钢、不经表面处理的开口销

销 GB/T 91—2000 5×50

mm

	公称	0.6	0.8	1	1.2	1.6	2	2.5	3.2	4	5	6.3	8	10	12
d	min	0.4	0.6	0.8	0.9	1.3	1.7	2.1	2.7	3.5	4.4	5.7	7.3	9.3	11.1
	max	0.5	0.7	0.9	1	1.4	1.8	2.3	2.9	3.7	4.6	5.9	7.5	9.5	11.4
c	max	1	1.4	1.8	2	2.8	3.6	4.6	5.8	7.4	9.2	11.8	15	19	24.8
	min	0.9	1.2	1.6	1.7	2.4	3.2	4	5.1	6.5	8	10.3	13.4	16.6	21.7
$b\approx$		2	2.4	3	3	3.2	4	5	6.4	8	10	12.6	16	20	26
a_{max}		1.6				2.5			3.2		4		6.3		
l（商品规格范围公称长度）		4～12	5～16	6～20	8～26	8～32	10～40	12～50	14～65	18～80	22～100	30～120	40～160	45～200	70～200

l（系列）	4, 5, 6, 8, 10, 12, 14, 16, 18, 20, 22, 24, 26, 28, 30, 32, 36, 40, 45, 50, 55, 60, 65, 70, 75, 80, 85, 90, 95, 100, 120, 140, 160, 180, 200

1　轴承与轴和外壳配合的常用公差带

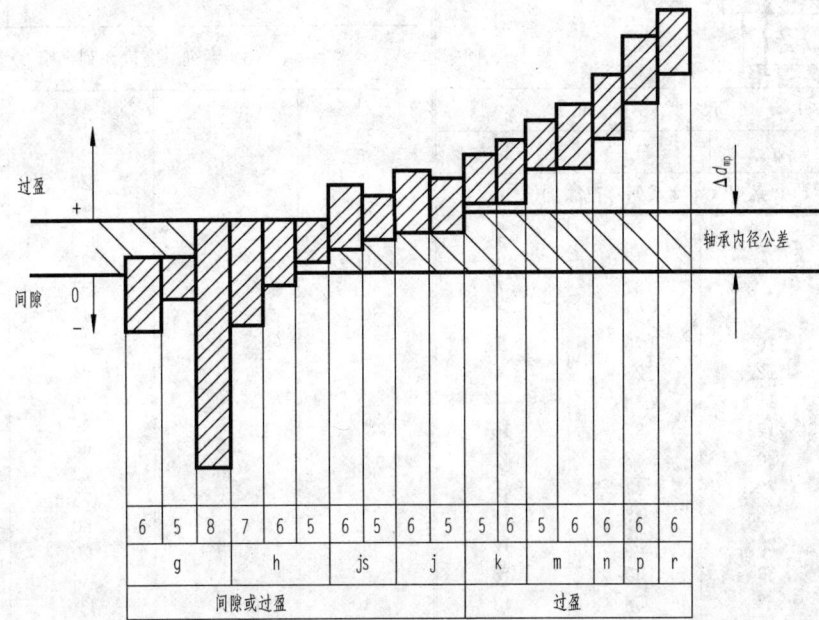

注：Δd_{mp} 为轴承内圈单一平面平均内径的偏差。

轴承与轴配合的常用公差带关系图

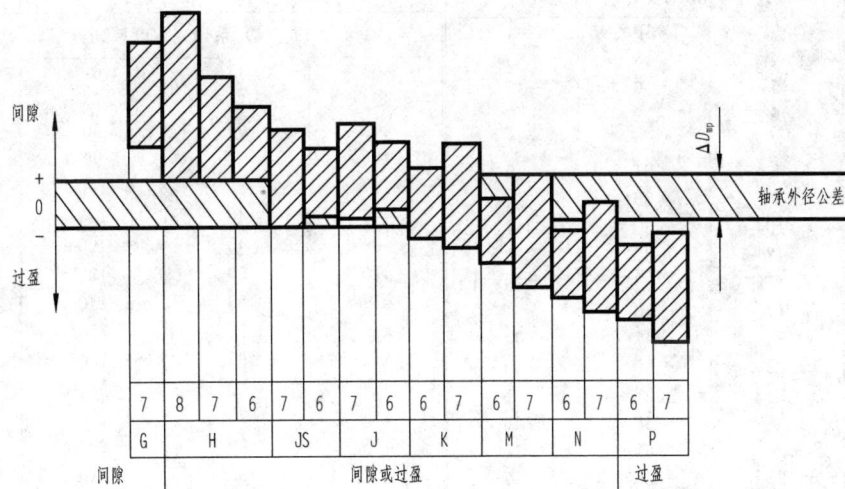

注：ΔD_{mp} 为轴承外圈单一平面平均外径的偏差。

轴承与外壳配合常用公差带关系图

2　配合面及端面的形状和位置公差

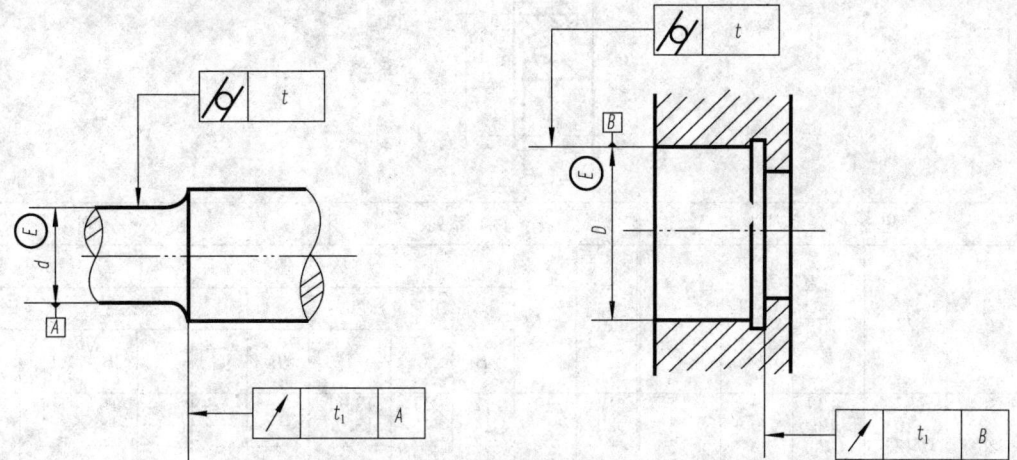

轴和外壳的几何公差

公称尺寸 (mm)		圆柱度 t				端面圆跳动 t_1			
		轴颈		外壳孔		轴肩		外壳孔肩	
		轴承公差等级							
		G	E (Ex)	G	E (Ex)	G	E (Ex)	G	E (Ex)
超过	到	公差值，μm							
	6	2.5	1.5	4	2.5	5	3	8	5
6	10	2.5	1.5	4	2.5	6	4	10	6
10	18	3.0	2.0	5	3.0	8	5	12	8
18	30	4.0	2.5	6	4.0	10	6	15	10
30	50	4.0	2.5	7	4.0	12	8	20	12
50	80	5.0	3.0	8	5.0	15	10	25	15
80	120	6.0	4.0	10	6.0	15	10	25	15
120	180	8.0	5.0	12	8.0	20	12	30	20
180	250	10.0	7.0	14	10.0	20	12	30	20
250	315	12.0	8.0	16	12.0	25	15	40	25
315	400	13.0	9.0	18	13.0	25	15	40	25
400	500	15.0	10.0	20	15.0	25	15	40	25

3　配合表面及端面的粗糙度

3.1　轴颈和外壳的配合表面的粗糙度应符合 GB/T 1031—2009 第 1 系列的数值。

3.2　轴颈和外壳孔的配合表面的粗糙度按下表的规定。

配合面的表面粗糙度　　　　μm

轴或轴承座直径 (mm)		轴或外壳配合表面直径公差等级								
		IT7			IT6			IT5		
		表面粗糙度								
超过	到	Rz	Ra		Rz	Ra		Rz	Ra	
			磨	车		磨	车		磨	车
	80	10	1.6	3.2	6.3	0.8	1.6	4	0.4	0.8
80	500	16	1.6	3.2	10	1.6	3.2	6.3	0.8	1.6
端面		25	3.2	6.3	25	3.2	6.3	10	1.6	3.2

附表 20　圆锥滚子轴承（摘自 GB/T 273.1—2011）　7000型

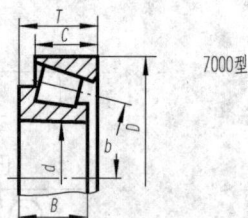

超轻（9）系列（宽度系列：宽2）

d	D	B	C	T
20	37	12	9	12
22	40	12	9	12
25	42	12	9	12
28	45	12	9	12
30	47	12	9	12
32	52	15	10	14
35	55	14	11.5	14
40	62	15	12	15
45	68	15	12	15
50	72	15	12	15
55	80	17	14	17
60	85	17	14	17
65	90	17	14	17
70	100	20	16	20
75	105	20	16	20

轻（2）系列、轻（5）系列

d	D	窄0 B	C	T	特宽3 B	C	T	宽0 B	C	T
17	40	12	11	13.25	—	—	—	16	14	17.25
20	47	14	12	15.25	—	—	—	18	15	19.25
25	52	15	13	16.25	22	18	22	18	16	19.25
28	58	—	—	—	24	19	24	19	16	20.25
30	62	16	14	17.25	25	19.5	25	20	17	21.25
32	65	17	15	18.25	26	20.5	26	21.5	17	22
35	72	17	15	18.25	28	22	28	23	19	24.25
40	80	18	16	19.75	32	25	23	23	19	24.75
45	85	19	16	20.75	32	25	23	23	19	24.75
50	90	20	17	21.75	32	24.5	32	23	19	24.75
55	100	21	18	22.75	35	27	35	25	21	26.75
60	110	22	19	23.75	38	29	38	28	24	29.75
65	120	23	20	24.75	41	32	41	31	27	32.75
70	125	24	21	27.25	41	32	41	31	27	33.25
75	130	25	22	27.25	41	31	41	31	27	33.25

特轻（1）系列

d	D	宽2 B	C	T	特宽3 B	C	T
20	42	15	12	15	—	—	—
22	44	15	11.5	15	—	—	—
25	47	15	11.5	15	17	14	17
28	52	16	12	16	—	—	—
30	55	17	13	17	20	16	20
32	58	17	13	17	—	—	—
35	62	18	14	18	21	17	21
40	68	19	14.5	19	22	18	22
45	75	20	15.5	20	24	19	24
50	80	20	15.5	20	24	19	24
55	90	23	17.5	23	27	21	27
60	95	23	17.5	23	27	21	27
65	100	23	17.5	23	27	21	27
70	110	25	19	25	31	25.5	31
75	115	25	19	25	31	25.5	31

特轻（7）系列（宽度系列：特宽3）

d	D	B	C	T
40	75	26	20.5	26
45	80	26	20.5	26
50	85	26	20	26
55	95	30	23	30
60	100	30	23	30
65	110	34	26.5	34
70	120	37	29	37
75	125	37	29	37

中（3）系列、中（6）系列

d	D	窄0 B	C	T	窄0* B	C	T	宽0 B	C	T
15	42	13	11	14.25	—	—	—	—	—	—
17	47	14	12	15.25	—	—	—	19	16	20.25
20	52	15	13	16.25	—	—	—	21	18	22.25
25	62	17	15	18.25	17	13	18.25	24	19	25.25
30	72	19	16	20.75	19	14	20.75	27	23	28.75
32	75	—	—	—	—	—	—	28	23	29.75
35	80	21	18	22.75	21	15	22.75	31	25	32.75
40	90	23	20	25.25	23	17	25.25	33	27	35.25
45	100	25	22	27.25	25	18	27.25	36	30	38.25
50	110	27	23	29.25	27	19	29.25	40	33	42.25
55	120	29	25	31.5	29	21	31.5	43	35	45.5
60	130	31	26	33.5	31	22	33.5	46	37	48.5
65	140	33	28	36	33	23	36	48	39	51
70	150	35	30	38	35	25	38	51	42	54
75	160	37	31	40	37	26	40	55	45	58

* 该宽度系列适用于大锥角圆锥滚子轴承。

附表 21　向心轴承（摘自 GB/T 273.3—1999）　0000型

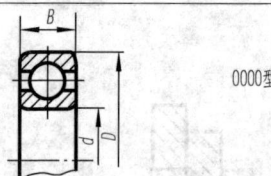

特轻（1）系列（宽度系列：正常0）

轴承型号	尺寸(mm) d	D	B
16	6	17	6
17	7	19	6
18	8	22	7
19	9	24	7
100	10	26	8
101	12	28	8
102	15	32	9
103	17	35	10
104	20	42	12
	22	44	12
105	25	47	12
	28	52	12
106	30	55	13
	32	58	13
107	35	62	14
108	40	68	15
109	45	75	16
110	50	80	16
111	55	90	18
112	60	95	18

轻（2）系列（宽度系列：窄0）

轴承型号	尺寸(mm) d	D	B
23	3	10	4
24	4	13	5
25	5	16	5
26	6	19	6
27	7	22	7
28	8	24	8
29	9	26	8
200	10	30	9
201	12	32	10
202	15	35	11
203	17	40	12
204	20	47	14
	22	50	14
205	25	52	15
	28	58	16
206	30	62	16
	32	65	17
207	35	72	17
208	40	80	18
209	45	85	19
210	50	90	20
211	55	100	21
212	60	110	22

中（3）系列（宽度系列：窄0）

轴承型号	尺寸(mm) d	D	B
34	4	16	5
35	5	19	6
36	6	22	7
37	7	26	9
38	8	28	9
39	9	30	10
300	10	35	11
301	12	37	12
302	15	42	13
303	17	47	14
304	20	52	15
	22	56	16
305	25	62	17
	28	68	18
306	30	72	19
	32	75	20
307	35	80	21
308	40	90	23
309	45	100	25
310	50	110	27
311	55	120	29
312	60	130	31
313	65	140	33
314	70	150	35
315	75	160	37
316	80	170	39
317	85	180	41
318	90	190	43

重（4）系列（宽度系列：窄0）

轴承型号	尺寸(mm) d	D	B
403	17	62	17
404	20	72	19
405	25	80	21
406	30	90	23
407	35	100	25
408	40	110	27
409	45	120	29
410	50	130	31
411	55	140	33
412	60	150	35
413	65	160	37
414	70	180	42
415	75	190	45
416	80	200	48
417	85	210	52
418	90	225	54
	95	240	55
420	100	250	58
	105	260	60
422	110	280	65

附表 22　　圆锥滚子轴承（摘自 GB/T 297—1994）

标记示例
滚动轴承 30308 GB/T 297—1994

30000 型

mm

02 尺寸系列

轴承型号	d	D	T	B	C	E≈	a≈
30204	20	47	15.25	14	12	37.3	11.2
30205	25	52	16.25	15	13	41.1	12.6
30206	30	62	17.25	16	14	49.9	13.8
30207	35	72	18.25	17	15	58.3	15.5
30208	40	80	19.75	18	16	65.7	16.9
30209	45	85	20.75	19	16	70.4	18.6
30210	50	90	21.75	20	17	75	20
30211	55	100	22.75	21	18	84.1	21
30212	60	110	23.75	22	19	91.8	22.4
30213	65	120	24.75	23	20	101.9	24
30214	70	125	26.25	24	21	105.7	27.4
30215	75	130	27.25	25	22	110.4	27.4
30216	80	140	28.25	26	22	119.1	28
30217	85	150	30.5	28	24	126.6	29.9
30218	90	160	32.5	30	26	134.9	32.4
30219	95	170	34.5	32	27	143.3	35.1
30220	100	180	37	34	29	151.3	36.5

22 尺寸系列

轴承型号	d	D	T	B	C	E≈	a≈
32206	30	62	21.5	20	17	48.9	15.4
32207	35	72	24.25	23	19	57	17.6
32208	40	80	24.75	23	19	64.7	19
32209	45	85	24.75	23	19	69.6	20
32210	50	90	24.75	23	19	74.2	21
32211	55	100	26.75	25	21	82.8	22.5
32212	60	110	29.75	28	24	90.2	24.9
32213	65	120	32.75	31	27	99.4	27.2
32214	70	125	33.25	31	27	103.7	28.6
32215	75	130	33.25	31	27	108.9	30.2
32216	80	140	35.25	33	28	117.4	31.3
32217	85	150	38.5	36	30	124.9	34
32218	90	160	42.5	40	34	132.6	36.7
32219	95	170	45.5	43	37	140.2	39
32220	100	180	49	46	39	148.1	41.8

03 尺寸系列

轴承型号	d	D	T	B	C	E≈	a≈
30304	20	52	16.25	15	13	41.3	11
30305	25	62	18.25	17	15	50.6	13
30306	30	72	20.75	19	16	58.2	15
30307	35	80	22.75	21	18	65.7	17
30308	40	90	25.25	23	20	72.7	19.5
30309	45	100	27.75	25	22	81.7	21.5
30310	50	110	29.25	27	23	90.6	23
30311	55	120	31.5	29	25	99.1	25
30312	60	130	33.5	31	26	107.7	26.5
30313	65	140	36	33	28	116.8	29
30314	70	150	38	35	30	125.2	30.6
30315	75	160	40	37	31	134	32
30316	80	170	42.5	39	33	143.1	34
30317	85	180	44.5	41	34	150.4	36
30318	90	190	46.5	43	36	159	37.5
30319	95	200	49.5	45	38	165.8	40
30320	100	215	51.5	47	39	178.5	42

23 尺寸系列

轴承型号	d	D	T	B	C	E≈	a≈
32304	20	52	22.25	21	18	39.5	13.4
32305	25	62	25.25	24	20	48.6	15.5
32306	30	72	28.75	27	23	55.7	18.8
32307	35	80	32.75	31	25	62.8	20.5
32308	40	90	35.25	33	27	69.2	23.4
32309	45	100	38.25	36	30	78.3	25.6
32310	50	110	42.25	40	33	86.2	28.2
32311	55	120	45.5	43	35	94.3	30.6
32312	60	130	48.5	46	37	102.9	32
32313	65	140	51	48	39	111.7	34
32314	70	150	54	51	42	119.7	36.5
32315	75	160	58	55	45	127.8	39
32316	80	170	61.5	58	48	136.5	42
32317	85	180	63.5	60	49	144.2	43.6
32318	90	190	67.5	64	53	151.7	46
32319	95	200	71.5	67	55	160.3	49
32320	100	215	77.5	73	60	171.6	53

附表 23　　渐开线圆柱齿轮模数（摘自 GB/T 1357—2008）

本标准适用于渐开线圆柱齿轮，对于斜齿轮是指法向模数。

本标准参照采用国际标准 ISO 54—1977《通用及重型机械用圆柱齿轮——模数和径节》。

1　模数代号是 m，单位是 mm。

2　模数规定于下表。选取时，优先采用第一系列，括号内的模数尽可能不用。

第一系列	第二系列	第一系列	第二系列	第一系列	第二系列
0.1					
	0.5				2.25
0.12			2.5		
	0.6				2.75
0.15				3	
			0.7		
0.2		0.8			(3.25)
					3.5
			0.9		
0.25		1			(3.75)
				4	
					4.5
0.3		1.25		5	
					5.5
		1.5		6	
	0.35				
			1.75		(6.5)
					7
				8	
0.4		2			9
10		20			
(11)		22			36

附表 24　　锥齿轮模数（摘自 GB/T 12368—1990）

本标准参照采用 ISO 678—1976《通用及重型机械用直齿锥齿轮——模数及径节》标准中的模数系列。

1　主题内容与适用范围

本标准规定了锥齿轮大端端面模数。

本标准适用于直齿、斜齿及曲线齿（齿线为圆弧线、长幅外摆线及准渐开线等）锥齿轮。

2　锥齿轮模数

锥齿轮模数是指大端端面模数，模数代号为 m，模数 m 应符合下表的规定。

mm

0.1	0.35	0.9	1.75	3.25	5.5	10	20	36
0.12	0.4	1	2	3.5	6	11	22	40
0.15	0.5	1.125	2.25	3.75	6.5	12	25	45
0.2	0.6	1.25	2.5	4	7	14	28	50
0.25	0.7	1.375	2.75	4.5	8	16	30	—
0.3	0.8	1.5	3	5	9	18	32	—

附表 25　压配式压注油杯（摘自 JB/T 7940.4—1995）

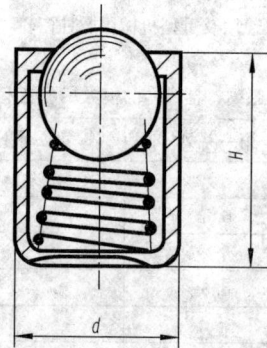

标记示例：d＝6mm 压配式注油杯

油杯　6　JB/T 7940.4—1995

d		H	钢球
基本尺寸	极限偏差		（按 GB 308）
6	+0.040 +0.028	6	4
8	+0.049 +0.034	10	5
10	+0.058 +0.040	12	6
16	+0.063 +0.045	20	11
25	+0.085 +0.064	30	13

附表 26　旋入式圆形油标（摘自 JB/T 7941.2—1995）

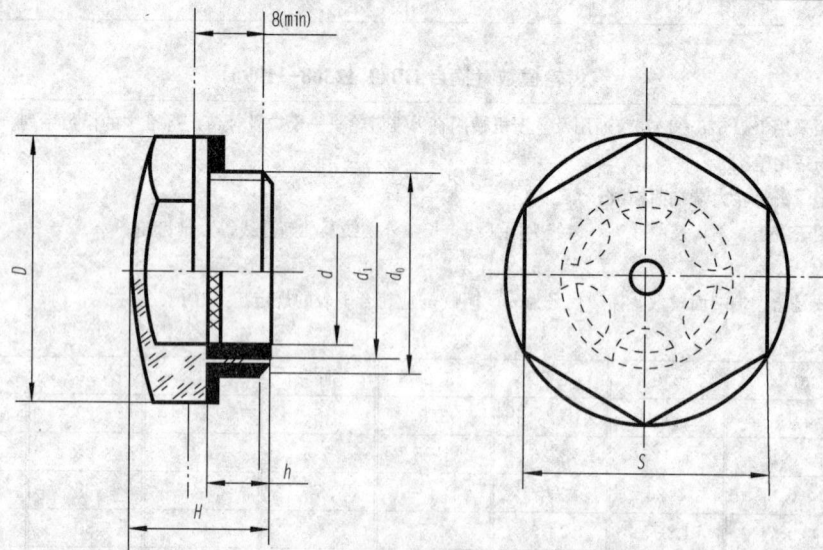

A 型

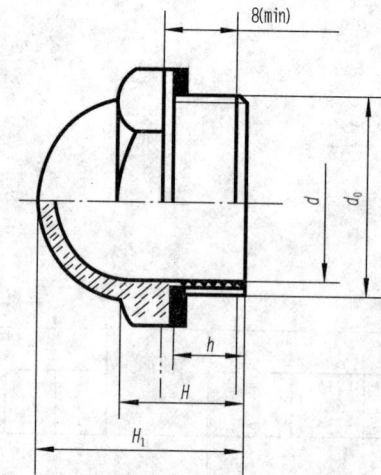

B 型

标记示例：视孔 d＝32，A 型旋入式圆形油标

油标　A32　JB/T 7941.2—1995

d	d_0	D		d_1		S		H	H_1	h
		基本尺寸	极限偏差	基本尺寸	极限偏差	基本尺寸	极限偏差			
10	M16×1.5	22	−0.065 −0.195	12	−0.050 −0.160	21	0 −0.33	15	22	8
20	M27×1.5	36	−0.080 −0.240	22	−0.065 −0.195	32	0 −1.00	18	30	10
32	M42×1.5	52	−0.100 −0.290	35	−0.080 −0.240	46		22	40	12
50	M60×2	72		55	−0.100 −0.290	65	0 −1.20	26	—	14

附表 27　标题栏（摘自 GB/T 10609.1—2008）

标记　处数　分区　更改文件号　签名　年、月、日　（材料标记）　（单位名称）

设计　（签名）（年月日）　标准化　（签名）（年月日）　阶段标记　重量　比例　（图样名称）

审核

工艺　批准　共　张　第　张　（图样代号）

附表 28　　明　细　栏（摘自 GB/T 10609. 2—2009）

续表

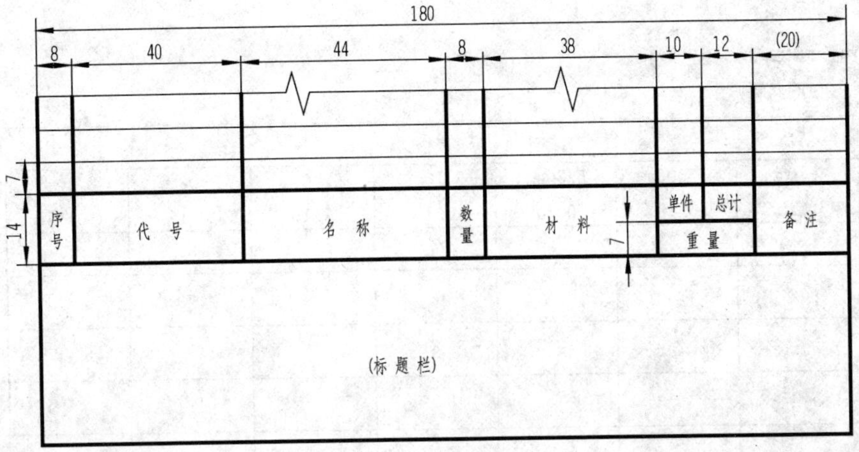

180
8
40
44
8
38
10
12
(20)
7
14
序号
代 号
名 称
数量
材 料
单件
总计
重量
备注
7
(标 题 栏)

图 A1

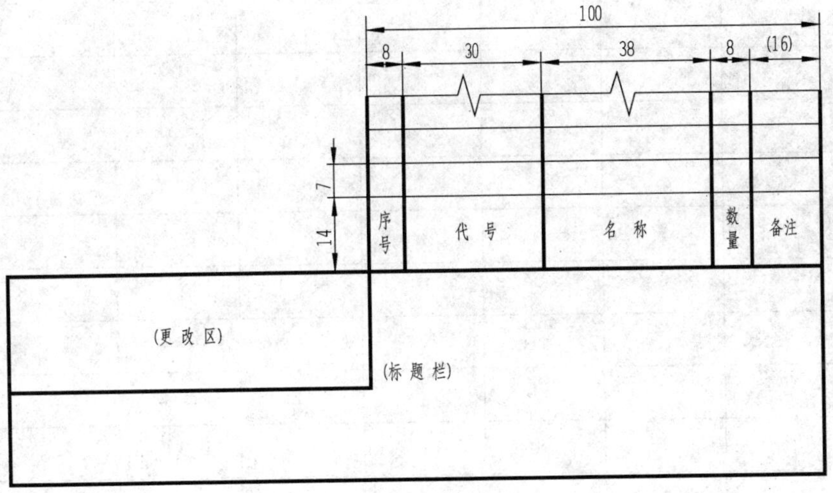

100
8
30
38
8
(16)
7
14
序号
代 号
名 称
数量
备注
(更 改 区)
(标 题 栏)

图 A2

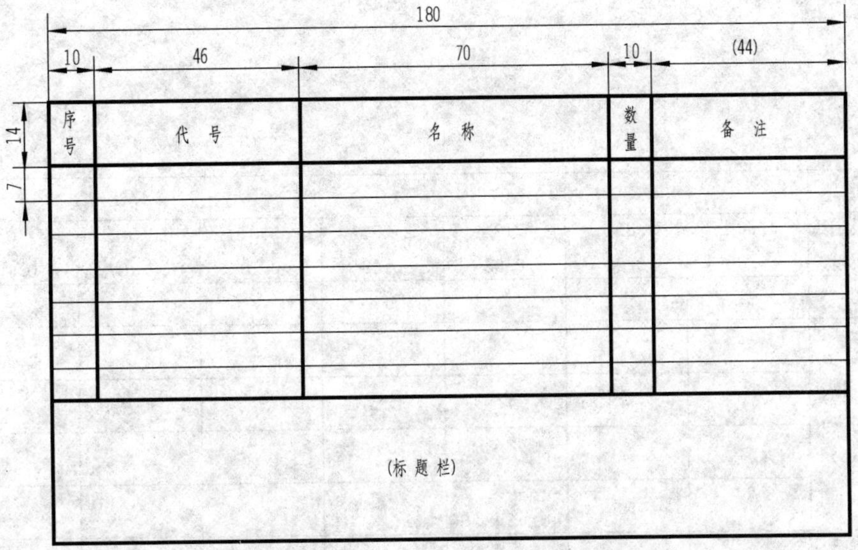

180
10
46
70
10
(44)
14
7
序号
代 号
名 称
数量
备 注
(标 题 栏)

图 A3

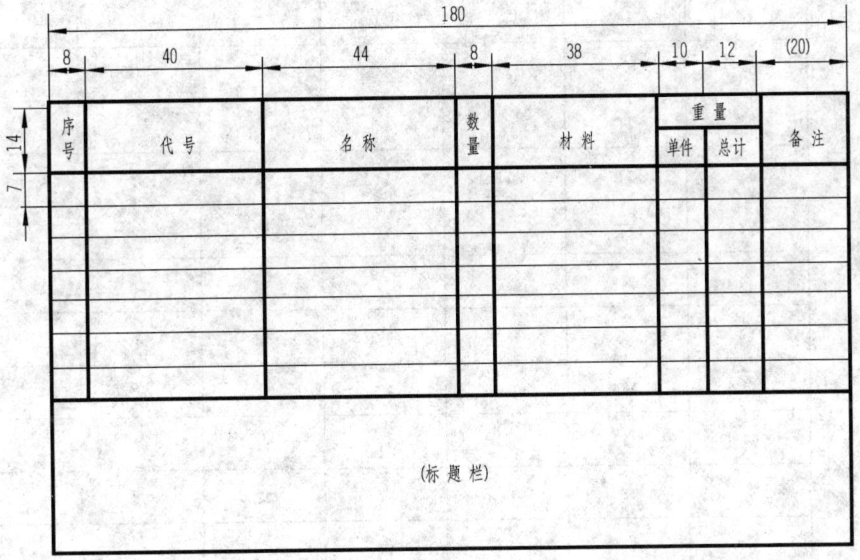

180
8
40
44
8
38
10
12
(20)
14
7
序号
代 号
名 称
数量
材 料
重 量
单件
总计
备 注
(标 题 栏)

图 A4

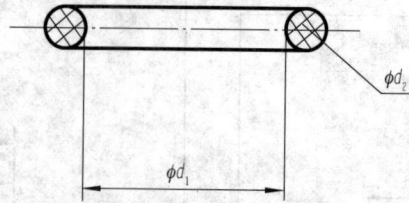

标注示例：$d_1 = 18.00$mm，$d_2 = 2.65$mm，标记为

O 形圈　18×2.65　JB/T 7757.2—2006

d_1 内径	极限偏差	1.60±0.08	1.80±0.08	2.10±0.08	2.65±0.09	3.10±0.10	3.55±0.10	4.10±0.10	4.30±0.10	4.50±0.10	4.70±0.10	5.00±0.10	5.30±0.10	5.70±0.10	6.40±0.15	7.00±0.15	8.40±0.15	10.0±0.30
6.00	±0.13	☆	☆	☆														
6.90		☆	☆															
8.00	±0.14	☆	☆	☆														
9.00		☆	☆															
10.0		☆	☆	☆														
10.6		☆	☆		☆													
11.8		☆	☆	☆	☆													
13.2		☆	☆	☆	☆													
15.0	±0.17	☆	☆	☆	☆													
16.0		☆	☆		☆													
17.0		☆	☆		☆	☆												
18.0		☆	☆	☆	☆	☆	☆											
19.0		☆	☆		☆	☆	☆											
20.0		☆	☆	☆	☆	☆	☆											
21.2		☆	☆		☆	☆	☆											
22.4		☆	☆	☆	☆	☆	☆											
23.6		☆	☆		☆	☆	☆											
25.0	±0.22	☆	☆	☆	☆	☆	☆											
25.8		☆	☆		☆	☆	☆											
26.5		☆	☆		☆	☆	☆											
28.0		☆	☆	☆	☆	☆	☆					☆						
30.0		☆	☆	☆	☆	☆	☆		☆			☆	☆					

d_1		d_2（截面直径及其极限偏差）																
内径	极限偏差	1.60±0.08	1.80±0.08	2.10±0.08	2.65±0.09	3.10±0.10	3.55±0.10	4.10±0.10	4.30±0.10	4.50±0.10	4.70±0.10	5.00±0.10	5.30±0.10	5.70±0.15	6.40±0.15	7.00±0.15	8.40±0.15	10.0±0.30
31.5	±0.30	☆	☆		☆	☆	☆		☆				☆					
32.5		☆	☆	☆	☆	☆	☆		☆			☆	☆					
34.5		☆	☆	☆	☆	☆	☆		☆			☆	☆					
37.5		☆	☆	☆	☆	☆	☆		☆			☆	☆					
38.7			☆	☆	☆	☆	☆		☆				☆					
40.0			☆	☆	☆	☆	☆		☆			☆	☆					
42.5	±0.36		☆		☆	☆	☆		☆				☆					
43.7			☆		☆	☆	☆		☆				☆					
45.0			☆		☆	☆	☆		☆	☆	☆	☆	☆		☆			
47.5			☆		☆	☆	☆	☆	☆			☆	☆		☆			
48.7			☆		☆	☆	☆	☆	☆	☆	☆		☆					
50.0			☆		☆	☆	☆	☆	☆	☆	☆		☆					
53.0	±0.44				☆	☆	☆	☆	☆	☆	☆		☆		☆			
54.5					☆	☆	☆	☆	☆	☆	☆		☆					
56					☆	☆	☆		☆				☆		☆			
58.0						☆	☆	☆	☆	☆	☆		☆		☆			
60.0						☆	☆	☆	☆	☆	☆		☆		☆			
61.5						☆	☆	☆	☆	☆	☆		☆		☆			
63.0						☆	☆	☆	☆	☆	☆		☆		☆			
65.0	±0.53					☆	☆	☆	☆	☆	☆		☆		☆			
67.0							☆	☆	☆	☆			☆		☆			
70.0					☆	☆	☆	☆	☆	☆	☆	☆	☆		☆		☆	
71.0							☆		☆	☆	☆	☆			☆		☆	
75.0					☆	☆	☆	☆	☆	☆	☆	☆	☆		☆		☆	

参照 GB/T 3452.1—2005 第二种方法，用"O形圈 $d_1 \times d_2$ JB/T 7757.2—2006"表示。

示例：O形圈内径 d_1 为 18.00mm，截面直径 d_2 为 2.65mm，标记为

O形圈 18×2.65 JB/T 7757.2—2006

附表 30　　六角螺塞（摘自 JB/T 1700—2008）

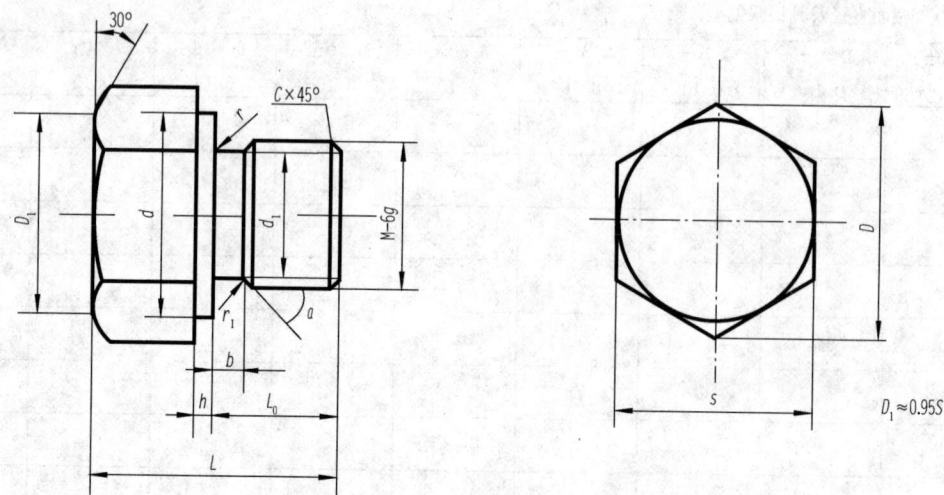

$D_1 \approx 0.95S$

标记示例：M＝M8×1　标记为
六角螺塞　M8×1　JB/T 1700—2008

mm

M	d_1	d	D	S 尺寸	S 极限偏差	h	L	L_0	C	b	r	r_1	α	质量（计算密度 7.85）kg
M8×1	6.5	14	16.2	14	0 −0.26	2	18 / 20	10 / 12	1	2.5	0.5	—	—	≈0.01
M10×1	8.5	16	19.6	17		2	20 / 22	10 / 12	1	2.5	0.5	—	—	≈0.02
M12×1.25	10.2	18	21.9	19	0 −0.43	3	24 / 26	12 / 15	1.2	3	0.5	0.5	45°	≈0.03
M14×1.5	11.5	22	25.4	22		3	26 / 30	18	1.5	4		0.5	45°	≈0.04
M16×1.5	13.8	24	27.7	24		3	28 / 32	14 / 20	1.5	4		0.5	45°	≈0.07
M20×1.5	17.8	28	34.6	30	0 −0.52	3	30 / 35	20	1.5	4		0.5	45°	≈0.11
M24×1.5	21.0	32	36.9	32		4	32 / 40	16 / 24	1.5	4		0.5	45°	≈0.15
M27×2	24.0	36	43.9	38		4	36 / 45	20 / 28	1.5	4	1.0	0.5	45°	≈0.22
M30×2	27.0	40	47.3	41		4	40 / 50	22 / 30	1.5	4	1.0	0.5	45°	≈0.31
M36×2	33.0	46	53.1	46	0 −0.62	4	44 / 55	22 / 30	2	5	1.0	0.5	45°	≈0.42
M42×2	39.0	54	63.5	55		6	48 / 60	24 / 32	2	5	1.0	0.5	45°	≈0.69
M48×2	45.0	60	69.3	60		6	52 / 65	24 / 32	2	5	1.0	0.5	45°	≈0.92
M56×2	53.0	70	80.8	70	0 −0.74	6	56 / 70	26 / 34	2	5	1.0	0.5	45°	≈1.29

注　表中质量为 L 最大尺寸时的值。

附表 31　　螺　塞　垫（摘自 JB/T 1718—2008）

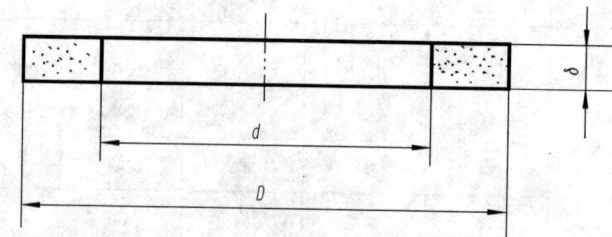

标记示例：d＝8 标记为
螺塞垫　8　JB/T 1718—2008

mm

阀杆螺纹直径	d	D	δ	每 1000 个质量（计算密度 7.85）kg
8	8.5	14	1.5	≈1.14
10	10.5	16		≈1.98
12	12.5	18		≈2.25
14	14.5	22		≈2.53
16	16.5	24		≈2.81
20	20.5	28		≈4.43
24	24.5	32		≈5.14
27	27.5	36		≈8.47
30	30.5	40		≈10.27
36	36.5	46		≈11.92
42	42.5	54	2.0	≈15.02
48	48.5	60		≈18.38
56	56.5	70		≈21.04

附表 32　　　　　圆　螺　母（摘自 GB/T 812—1988）

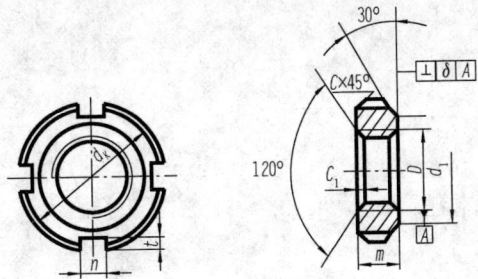

D<100×2　n(槽数)=4
D>M105×2　n(槽数)=6

标记示例

螺纹规格 D＝M16×1.5、材料为 45 钢、槽或全部热处理后硬度 HRC 35～45、表面氧化的圆螺母

螺母：M16×1.5　GB/T 812—1988

螺纹规格 D×P	d_K	d_1	m	n		t		C	C_1
				max	min	max	min		
M10×1	22	16	8	4.3	4	2.6	2	0.5	
M12×1.25	25	19							
M14×1.5	28	20							
M16×1.5	30	22							
M18×1.5	32	24							
M20×1.5	35	27							
M22×1.5	38	30		5.3	5	3.1	2.5		
M24×1.5	42	34						1	0.5
M25×1.5*									
M27×1.5	45	37							
M30×1.5	48	40	10						
M33×1.5	52	43							
M35×1.5*									
M36×1.5	55	46		6.3	6	3.6	3		
M39×1.5	58	49							
M40×1.5*									
M42×1.5	62	53							
M45×1.5	68	59						1.5	
M48×1.5	72	61							
M50×1.5*									
M52×1.5	78	67	12	8.36	8	4.25	3.5		
M55×2*									
M58×2	85	74							1
M60×2	90	79							

螺纹规格 D×P	d_K	d_1	m	n		t		C	C_1
				max	min	max	min		
M64×2	95	84	12	8.36	8	4.25	3.5		
M65×2*									
M68×2	100	88							
M72×2	105	93	15	10.36	10	4.75	4		
M75×2*									
M76×2	110	98							
M80×2	115	103							
M85×2	120	108						1.5	1
M90×2	125	112	18	12.43	12	5.75	5		
M95×2	130	117							
M100×2	135	122							
M105×2	140	127							
M110×2	150	135							
M115×2	155	140							
M120×2	160	145	22	14.43	14	6.75	6		
M125×2	165	150							
M130×2	170	155							
M140×2	180	165							
M150×2	200	180	26						
M160×3	210	190						2	1.5
M170×3	220	200		16.43	16	7.9	7		
M180×3	230	210							
M190×3	240	220	30						
M200×3	250	230							

* 仅用于滚动轴承锁紧装置。

参 考 文 献

[1] 大连理工大学工程画教研室编. 机械制图. 北京：高等教育出版社，2007.

[2] 大连理工大学工程画教研室编. 机械制图习题集. 北京：高等教育出版社，1997.

[3] 曹桃，吴祚常主编. 机械设计与制图综合教学图册. 上海：上海科学技术出版社，1991.

[4] 刘承启编. 新编铣工计算手册. 北京：机械工业出版社，2001.

[5] 天津市机械工业管理局主编. 镗铣工必读. 北京：机械工业出版社，1991.